Jörg-Michael Schiefer

Speers Vollstrecker

Willi CLAHES

MatrixMedia

Impressum

Internet: www.matrixmedia.info

Umschlagabbildungen:
Fotografie Clahes: Privatbesitz
NSDAP-Zentralkartei: Bundesarchiv Berlin

Cover-Gestaltung und Layout: Alexander Lieske, Langelsheim
Lektorat: Uwe Friedrich, Göttingen
Druck: druckhaus köthen, Köthen
ISBN 978-3-932313-66-0

Inhalt

Vorwort	7
Einleitung	10
Kindheit, Jugend, Schulbesuch und Studium	15
Erste Schritte im Beruf	23
Der Beamte im Nationalsozialismus – ein Exkurs	34
Die Durchführungsstelle der Generalbauinspektion (GBI)	42
Der Ruf nach Berlin	49
Gesetzliche Grundlagen und Voraussetzungen der Entmietung	54
Besprechungen in der Dienststelle des Generalbauinspektors	57
Entmietungsmaßnahmen	63
1942 – Ende der Umsiedlungsstelle	75
Entnazifizierung	77
Persilscheine	85

Die Erwiderung auf die Klageschrift	89
Die Selbsteinschätzung	104
Versorgung gem. Art. 131 Grundgesetz	114
Die historische Situation im Jahre 1933	116
Clahes – Der tüchtige Jurist im System	118
Handeln kraft Organisationsherrschaft	123
Nachwort	131
Zeittafel	134
Abkürzungen	136
Literaturverzeichnis	137
Anmerkungen	141
Namensregister	162

Vorwort

Die vorliegende Arbeit basiert auf der durch Zufall gewonnenen Erkenntnis, dass Willi Clahes, vormaliger Bürgermeister von Braunschweig in den Jahren 1935-1938, als Mitarbeiter Albert Speers[1] in der Generalbauinspektion und im Rüstungsministerium von 1938-1945 scheinbar fast vollständig aus der Erinnerung Speers getilgt war. In lediglich einer von Speers Publikationen findet sich der Name Clahes und ein Hinweis auf seinen ehemaligen leitenden Mitarbeiter, der immerhin Vizepräsident der Durchführungsstelle in der Generalbauinspektion war und 1942 in das Rüstungsministerium übernommen wurde, ohne jedoch auf dessen Amt und Funktion einzugehen.[2]

Vor nahezu 70 Jahren versank das Deutsche Reich, das die Nationalsozialisten in ihrem megalomanischen Denken und Handeln als 1000-jähriges Reich propagiert hatten, in einer Katastrophe der völligen Zerstörung. Nicht einmal diese Zeitspanne von zwei Generationen hat ausgereicht, zu einer objektiven Geschichtsschreibung zu kommen. Bis in die heutige Zeit blieb das Geschichtsbild von Personen geprägt, die in der Zeit des Nationalsozialismus an prominenter Stelle tätig waren. Zu nennen ist hier pars pro toto Albert Speer, der in dieser Arbeit aus einsichtigen Gründen des öfteren zu nennen sein wird. Historiker wie Publizisten sahen in Speer den glaubwürdigen Gewährsmann, weil er seine Schuld eingestanden und gebüßt hatte. Weder Speer noch die hohe Zahl weiterer Involvierter, die versuchten, in der Bundesrepublik Fuß zu fassen oder denen das bereits gelungen war, bekannten sich zu ihrer Tätigkeit im 3. Reich und äußerten sich selbstkritisch dazu. Für den Historiker ergab sich seither ein Feld der Forschung, das über die Jahrzehnte nicht nennenswert an Umfang verlor, insofern als hinter jeder gelösten Frage eine weitere auftauchte. Die sogenannte Führungselite neben Hitler,[3] Speer, Himmler,[4] Heß,[5] Goebbels,[6] Göring,[7] Schacht[8] und Papen[9] war wegen ihrer Prominenz erste Adressen der Forschung. Ihre Helfer in der zweiten

Reihe, ohne die sie so Schreckliches nicht hätten vollbringen können, blieben weitgehend unberücksichtigt. Ausnahmen sind die Publikationen über Hans Kammler,[10] Ernst Kaltenbrunner,[11] den berüchtigten Gestapo Müller[12] sowie Adolf Eichmann,[13] um nur einige wenige aus der zweiten Garde zu nennen, zu der eben auch Willi Clahes gehörte, der Berlin im damaligen diskriminierenden Sprachgebrauch »judenfrei« machte. Diese Täter werden oftmals, da sie ja nie oder doch nur selten an die Öffentlichkeit traten, als Schreibtischtäter bezeichnet.

Manches ist erforscht, vieles blieb bis heute unentdeckt. Zwar hat sich im Laufe der Jahre, bedingt durch den größer gewordenen zeitlichen Abstand, die Möglichkeit distanzierteren und damit objektiveren Forschens und Beurteilens verbessert, gleichzeitig aber ergab sich ein gewichtiger Nachteil: Die Zahl der Augen- und Ohrenzeugen wurde altersbedingt immer geringer. Heute lebt kaum noch einer der Zeitzeugen, so dass der Betrachter allenfalls anhand von Dokumenten zu Aussagen kommen kann.

Diese Feststellung gilt auch für die causa Willi Clahes. Der Betrachter ist vor allem auf Dokumente aus den Archiven und auf die ihm dankenswerterweise zugänglich gemachten wenigen Hinterlassenschaften des »Untersuchungsgegenstandes« beschränkt, die ihm von seinen Enkeln zugänglich gemacht wurden. Sieht man von den Jugend- und Schuljahren ab, ist die Quellenlage recht umfänglich, wenn auch nicht lückenlos. Dies gilt insbesondere für private Zeugnisse. Dokumente und Materialien befinden sich in den Staatsarchiven Bremen und Wolfenbüttel, im Bundesarchiv und im Landesarchiv Berlin, im Stadtarchiv Braunschweig sowie in den Archiven einiger Gerichte der Bundesrepublik.

Für den Verfasser ergibt sich die missliche Erfahrung, dass zahlreiche Akten, deren Inhalt vermutlich von Interesse gewesen wäre, nach der gesetzlich vorgeschriebenen Aufbewahrungszeit vernichtet worden sind. Dies gilt für die Akten des Herzoglichen Realgymnasiums Braunschweig, auf dem Clahes 1914 das Notabitur ablegte, ebenso wie auch für einen Teil der Prüfungsakten der juristischen Staatsprüfungen. Die Unfalltagebücher der Polizeidienststelle Rastede bei Oldenburg, die für die Unfallaufnahme vom 20.04.1948 zuständig war, wie auch die Krankenakten des Krankenhauses Hahn, in dem Clahes nach dem Autounfall am Folgetag verstarb, sind vernichtet. Auch für den Aufenthalt von Clahes' Familie, von 1943-1945 in Bad Klosterlausnitz/Thür., ließen sich keine amtlichen Dokumente nachweisen. Der Hinweis auf den Aufenthalt der Familie in Kampen auf Sylt in den Jahren 1945-1948 ist durch die Entnazifizierungsakte Clahes' nachgewiesen, ließ sich aber nicht durch entsprechende Unterlagen im Archiv der Gemeinde Sylt belegen. Man könnte meinen, Clahes habe keinerlei Wert darauf gelegt, dass seine Wohnsitze in der Zeit von 1945-1948 bekannt wurden.

Anzunehmen ist, dass ein Teil der Materialien, auch die für die Person Clahes, auch heute immer noch nicht der historischen Forschung zugänglich sind. Über die Gründe muss, wenn man an die nach dem Jahr 1945 halbherzig oder sogar schlampig durchgeführte Entnazifizierung denkt, nicht spekuliert werden. Den Mitarbeitern der Archive bin ich für Ihre Hilfe sehr dankbar. Mein Dank gilt Frau Dr. Berwinkel vom Staatsarchiv Wolfenbüttel, den Mitarbeitern des Stadtarchivs Braunschweig, Frau C. Lorenz vom Bundesarchiv Berlin, Frau Alpert vom Staatsarchiv Bremen, Frau Michaelis vom Amtsgericht Berlin-Schöneberg, Frau Reinecke vom Landgericht Braunschweig sowie meiner Tochter, Frau Sabine Guder, Bibliotheksassistentin am Landgericht Göttingen, die mir beim Aufsuchen und Katalogisieren zahlreicher Gesetzestexte behilflich war. Besonderer Dank gilt Herrn Prof. Dr. med. Behrens-Baumann für die kritische Lektüre sowie Herrn Landgerichtspräsidenten a.D. Henning für die Durchsicht des Kapitels »Handeln kraft Organisationsherrschaft«.

Einleitung

Einleitungen zu Texten werden häufig wie überflüssiges Beiwerk behandelt. Der Leser überblättert sie, wie zunächst auch das Vorwort. In diesem Falle sollte der Leser eine Ausnahme machen.

Die Biographie Clahes' ist die Lebensbeschreibung eines Mannes, der, aus kleinbürgerlichen Verhältnissen kommend, dann in herausgehobener Stellung als Beamter im Sinne des Nationalsozialismus tätig wurde. Er übernahm Tätigkeiten, ohne dem Zwang ausgesetzt zu sein, sie ausführen zu müssen, und war darin vielen Beamten gleich, die ebenso verfuhren. Sie alle hatten einen persönlichen Eid auf Adolf Hitler abgelegt, wollten aber nach dem Kriege nichts mehr davon wissen. Viele dienten sich dem neuen Staat Bundesrepublik an oder versuchten, in der späteren DDR Verwendung finden zu können. Ob Clahes sich um eine Übernahme in den Staatsdienst bemüht hätte, bleibt zunächst Spekulation, allerdings mit einem großen Wahrscheinlichkeitsgehalt. Dass es dazu nicht kam, liegt schlichtweg daran, dass er im Jahre 1948 an den Folgen eines Autounfalls verstarb.[14]

Über Paul Otto Hermann Willi Clahes, 1932-1935 Stadtrat in Braunschweig und von 1935 bis 1939 dort Bürgermeister, ist wenig bekannt. Biographien der Oberbürgermeister von Braunschweig liegen vor, nicht aber die der Ersten Beigeordneten, die ab 1935 die Amtsbezeichnung »Bürgermeister« trugen. Bürgermeister, Vertreter des Oberbürgermeisters, waren Männer in der zweiten Reihe, eine Position, die Clahes auch in seinem späteren Berufsleben, als Vizepräsident in der Durchführungsstelle, später Umsiedlungsstelle, in der Generalbauinspektion (GBI) und danach im Rüstungsministerium als einer der Vertreter Speers, Hettlages[15] und bis zu dem Weggang auch Zörners[16] einnahm. Diese Stelle war für die Entmietung jüdischer Wohnungen und Häuser und für die Entsiedelung ihrer Bewohner zuständig und wurde eigens geschaffen, um den mit dieser Aufgabe zusammenhängenden hohen Arbeitsanfall zu koordinieren und die Abläufe zu beschleunigen.

Für Clahes galt, dass er in dieser Stellung durchaus selbstständig unter einer ihm vorgegebenen Prämisse tätig wurde. Darauf wird in dieser Biographie einzugehen sein. Was für Clahes gilt, gilt auch für zahlreiche andere Personen des Dritten Reiches, deren Biographien weitgehend und auch im Detail bis zum heutigen Tage unerforscht geblieben sind. Weitgehend bekannt dagegen sind die Lebensläufe der Hauptkriegsverbrecher. Aber was wären diese ohne die Arbeit ihrer Erfüllungsgehilfen aus der zweiten oder dritten Reihe und was wären die Erfüllungsgehilfen ohne ihre verbrecherischen Chefs geblieben oder geworden?

Wenn über das Leben von Clahes wenig bekannt ist, so mag das in der Tatsache begründet sein, dass es seinem obersten Dienstherrn, Albert Speer, für sich selbst (über-)lebenswichtig erschien, diesen Mann und seine Tätigkeiten – insbesondere während des Nürnberger Prozesses und auch später – zu verschweigen. Dies tat er sicherlich in der Hoffnung oder evtl. sogar in der Gewissheit, dass dieser nicht zu einem für ihn, Speer, ungeeigneten Zeitpunkt auftauche. Nirgendwo auf den 610 Seiten seiner »Erinnerungen« ist die Rede von Willi Clahes oder findet sich eine Andeutung. Lediglich in »Der Sklavenstaat, Meine Auseinandersetzung mit der SS«, veröffentlicht 1981, erscheint Clahes in marginaler Bedeutung, nahezu versteckt in dem Kapitel »Denunziationen«, nicht aber im 4. Teil dieser Publikation unter dem Titel »Judenschicksal«. Dort wäre für seine eigenen Handlungen wie auch die seines Mitarbeiters, wie er Clahes bezeichnet, ausreichend Raum für eine klare Darlegung der Tätigkeiten der Durchführungs- und der Umsiedlungsstelle gewesen. Doch hier wie auch an anderer Stelle schwieg Speer. Dass Clahes in Speers Bewusstsein blieb, als die beiden schließlich ehemaligen Freunde Wolters und Speer wegen der Chronik der Speerdienststellen korrespondierten, dürfte nicht erstaunen. Wolters hatte für Speer eine ganz besondere Bedeutung: Beide lernten sich 1923 während des Architekturstudiums kennen und wechselten 1924 gemeinsam nach Berlin an die Technische Hochschule zu Professor Tessenow. Wolters schloss sein Studium 1927 mit dem Diplom ab und wurde 1929 zum Dr. Ing. promoviert. Die Freundschaft beider überdauerte die Studienabschlüsse wie auch das Kriegsende und Speers 20-jährige Haftstrafe: 1937 holte Speer Wolters in die Generalbauinspektion (GBI) und machte ihn dort zum Leiter der Abteilung I, 3 im Hauptamt I. Er war damit für die Planungen an der Nord-Süd-Achse, für die Verkehrswege und Museen zuständig. Zugleich war er Speers Pressereferent und der Chronist der Speerdienststellen.

Nach dem Kriege organisierte er einen Freundeskreis für Albert Speer, der dazu diente, die Familie Speer aus einem dafür geschaffenen Fond finanziell zu unterstützen. Zahlende Mitglieder waren ehemalige hochrangige Mitarbeiter Speers aus den Zeiten der Generalbauinspektion und des Reichsministeriums für Bewaffnung und Munition (RBuM), später Reichsministerium für Rüstung und Kriegsproduktion (RRuK). Die Freundschaft beider zerbrach, da Wolters, der zwar Nationalsozialist, aber nie NSDAP-Mitglied gewesen war, alle negativen Handlungen der Nationalsozialisten ausgeblendet hatte und Speers vollständige Ablehnung des Nationalsozialismus nicht verstehen konnte.

Natürlich lag es auch in Clahes‘ Interesse, unliebsamen Fragen aus dem Wege zu gehen, evtl. auch wegen einer zu befürchtenden möglichen Zeugenschaft im Nürnberger Prozess,[17] wenn denn seine Funktion bekannt gewesen wäre. Aber davon ist nach dem Verlauf der Ereignisse zu urteilen, nicht auszugehen. Von 1945-1948 hielt sich Clahes nach eigenem Bekunden in Kampen auf Sylt auf.[18] Meldepapiere sind für diesen Aufenthalt nicht nachweisbar, ebenso wenig für den Wechsel seiner Familie von Berlin nach Bad Klosterlausnitz in Thüringen,[19] wo sich die Familie von 1943 an bis 1945 aufhielt, wahrscheinlich um den Bombenangriffen auf Berlin zu entgehen. Möglicherweise lässt der Aufenthalt auf Sylt auf eine Verabredung zwischen Speer und Clahes schließen, sich möglichst weit weg von Berlin zu begeben und in den Wirren der Nachkriegszeit unterzutauchen.

An Willi Clahes erinnerte sich Speer auf Befragen in einem Interview, das am 17.01.1972 von mir geführt wurde, erst nach Vorhalt der Kopie eines Dokuments, ohne jedoch dessen Bedeutung oder Funktion in der Generalbauinspektion oder im Rüstungsministerium zu nennen oder auch nur ansatzweise zu erläutern.[20]

Albert Speer, auf den im folgenden Text oftmals hingewiesen werden wird, erinnerte sich in seinen »Erinnerungen«[21] nicht an diesen hochrangigen Mitarbeiter. Im Namensregister fehlt ein Eintrag, der sich auf Clahes bezieht, der 1932 Stadtrat in Braunschweig, 1935 dort Bürgermeister, am 1. April 1939 zum Vizepräsidenten in der Generalbauinspektion ernannt, in dieser Funktion stellvertretender Amtschef war und 1942 mit demselben Titel ins Rüstungsministerium übernommen wurde. Dabei hatte Speer ihn persönlich, wahrscheinlich auf Vorschlag Zörners, aus Braunschweig angefordert. Speer kannte also Clahes, der einer seiner Vertreter wurde, nicht lediglich nur namentlich. Und als sein Vertreter hatte Willi Clahes wesentliche Anteile an der sog. Entmietung und Entsiedelung von Wohnungen und Häusern in jüdischem Besitz. Selbst bei der präzisen Aufarbeitung des »Mythos« Speer durch Matthias Schmidt[22] fiel der Name Clahes nicht auf. Schmidt verwechselt ihn mit Klagges, dem damaligen Ministerpräsidenten Braunschweigs. Auch in der neueren Literatur zu Speer, bei van der Vat,[23] findet sich dieser Irrtum. Dort wird Clahes als braunschweigischer Ministerpräsident bezeichnet. Erst Willems,[24] Reichhardt und Schäche[25] stellen die Person Clahes in den zugehörigen Kontext und weisen in zahlreichen Fußnoten auf die Funktion dieses Mannes hin, wobei Willems Clahes als Oberbürgermeister (OBM) von Braunschweig bezeichnet, was Clahes allerdings nicht war.

»Entsiedelung« und »Entmietung« sollen nicht abermals Gegenstand dieser Publikation sein. Willems, Reichardt und Schäche haben sich dazu ausführlich und dezidiert geäußert. Ein nochmaliges Eingehen auf die Tätigkeiten der verantwortlichen Durchführungsstelle wäre ein Wiederholen bekannter Fakten. Daher beschränkt sich das Kapitel »Einzelne Entmietungsmaßnahmen«

auf sechs ausgewählte Fälle, an denen Clahes federführend beteiligt war. An ihnen soll die Besonderheit dieser Vorgehensweise verdeutlicht werden, zumal Firmen beteiligt und begünstigt waren, die auch heute noch existieren.

Niemanden wird es erstaunen können, dass im Verlaufe dieser Arbeit weitere Personen genannt werden, deren Beteiligung an diesen verbrecherischen Maßnahmen bislang nicht oder nur sehr wenig erforscht wurden. Abschließend ist zu fragen, ob und inwieweit Willi Clahes Täter in mittelbarer Täterschaft war und nicht lediglich »Mitläufer«, wie ihm die Bremer Spruchkammer nach Abschluss des Entnazifizierungsverfahrens posthum attestierte, oder aber völlig unbelastet, wie er sich selbst beurteilte.

Kindheit, Jugend, Schulbesuch und Studium

Das Jahr 1895 war ein ruhiges Jahr. Es herrschte tiefer Frieden, sieht man von außereuropäischen Krisen und Konflikten ab. In diesem Jahr, an einem Freitag, dem 19. Juli, wurde Paul Otto Hermann Willi Clahes, Rufname Willi, als das zweite von drei Kindern des Rentners (»Partikuliers«) und ehemaligen Kaufmanns Friedrich Otto Adolph Clahes und seiner Frau Irmgard Helene Lina geb. Fricke, in Braunschweig geboren.[26] Über sein Elternhaus, seine außerschulischen Aktivitäten und Vorlieben ist nichts bekannt.

Clahes ist Zeitgenosse bekannter und berühmter Leute, wie des FBI-Direktors J. Edgar Hoover,[27] des Begründers des Versandhauses »Quelle« Gustav Schickedanz,[28] des Philosophen Max Horkheimer[29] oder des Schriftstellers Ernst Jünger,[30] die ebenfalls in dem Jahr 1895 geboren wurden. Bismarck,[31] der »eiserne« Kanzler feierte seinen 80. Geburtstag, Alfred Nobel[32] unterzeichnete sein Testament und begründete damit den alljährlich verliehenen Nobelpreis. Kaiser Wilhelm II.[33] eröffnete den Nord-Ostsee-Kanal.[34] Für Braunschweig ebenso wichtig wie die international und national bedeutsamen Ereignisse war die Gründung von »Eintracht Braunschweig« sowie in wirtschaftlicher Hinsicht die Gründung des Mühlenbaubetriebes Amme, Giesecke und Konegen, der späteren »MIAG«,[35] der 1908 zum bedeutendsten Mühlenbaubetrieb aufstieg.

In demselben Jahr wurde in Nordhausen auch Ernst Otto Emil Zörner geboren. Zörner, bereits 1922 Mitglied der NSDAP, wurde Braunschweigischer Landtagspräsident, Vizepräsident des Reichstages, Oberbürgermeister von Dresden, bis zu seinem Weggang nach Polen Präsident der Durchführungsstelle beim Generalbauinspektor (GBI) in Berlin in der Zeit von 1937-1939 und damit Vorgesetzter von Willi Clahes. Auf seinen Vorschlag hin wurde Clahes nach Berlin in die Generalbauinspektion geholt und avancierte dort sehr schnell zum Vizepräsidenten.

Von Zörner ist überliefert, dass er in Braunschweig die mittlere Knaben-Bürgerschule am Hohe Stieg 6 besuchte, Clahes vermutlich ebenso. Diese Schule lag den beiden elterlichen Wohnungen, Hohentorwall 7 und Wilhelmitorwallpromenade 26 (später: Wilhelmitorwall), am nächsten. Beide wechselten auf das Herzogliche Realgymnasium, das Zörner bis zur Obersekunda (11. Klasse) und Clahes bis zum »Notabitur« im Jahre 1914 besuchte. Die elterlichen Wohnungen lagen nahe beieinander, beide besuchten dieselben Schulen. Beide gehörten im 1. Weltkrieg demselben Regiment an. Daher ist anzunehmen, dass zwischen Clahes und Zörner keine nur flüchtige Bekanntschaft bestand.

Clahes besuchte 8 ½ Jahre das Gymnasium, davon 1 ½ Jahre die Prima. Wie der Vermerk des Direktors des Gymnasiums, Hildebrandt, zugleich Herzoglicher Prüfungskommissar, auf dem Vorblatt des Zeugnisses verdeutlichte, handelte es sich bei der von Clahes bestandenen Prüfung um ein »Notabitur«, das unter der Voraussetzung abgelegt werden konnte, dass man sich zum Heeresdienst meldete.[36] Wie viele andere Abiturienten seines Jahrgangs hatte sich auch Clahes als Kriegsfreiwilliger gemeldet. Die Prüfungskommission bescheinigte dem 19-jährigen Notabiturienten in allen Hauptfächern genügende Leistungen, was einem heutigen »ausreichend« entsprechen dürfte. Für die Fächer »Religion«, »Chemie«, »Naturbeschreibung« und »Singen« attestierte die Herzogliche Prüfungskommission die Note »gut«. Unter Berücksichtigung der Nebenfächer errechnet sich damit eine Durchschnittsnote von 3,4. Ohne deren Berücksichtigung läge sie bei 4,0 und würde nicht nur nach heutigen Bestimmungen »gerade ein eben noch bestanden« bedeuten.

Fraglich erscheint – wäre der 1. Weltkrieg nicht ausgebrochen und hätte es aus diesem Grunde nicht die Möglichkeit des Notabiturs gegeben –, ob Clahes das Abitur überhaupt auf normalem Wege, das heißt, nach regelrechter Schulzeit von 13 Jahren bestanden hätte. Die Noten lassen diesen Zweifel durchaus berechtigt erscheinen. Zu seiner Einstellung als beamteter und besoldeter Stadtrat berichtete die »Braunschweiger Tageszeitung« vom 3. April 1935, er sei »nach vorher abgelegtem Abiturientenexamen« in den

Krieg gezogen. Danach könnte man den Eindruck gewinnen, er habe aufgrund guter Leistungen das Abitur vorzeitig ablegen können, um dann als Freiwilliger in den Krieg zu ziehen.

Als Datum der Prüfung weist das Zeugnis Freitag, den 4. August 1914[37] aus, einen historisch denkwürdigen Tag: Vor allem in den Großstädten brach unter den Schülern und Studenten an diesem Tage Kriegsbegeisterung aus. Dafür verantwortlich war der »Geist des 4. August«, wie ihn auch eindrucksvoll Erich Maria Remarque[38] in seinem Roman »Im Westen nichts Neues« beschrieben hat. Möglich, dass man aus patriotischer Begeisterung kaum Zeit zwischen dem Tag der Mobilmachung, dem 1. August 1914, und dem Tag der Reifeprüfung verstreichen ließ, um möglichst schnell viele Kriegsfreiwillige zu gewinnen oder dem zu erwartenden hohen Ansturm an Freiwilligen gerecht werden zu können.

Bereits einen Tag nach dem Notabitur trat Clahes in das Braunschweigische Infanterie-Regiment No. 92 ein. Im September desselben Jahres wurde er zum in Braunschweig neugebildeten Reserve-Infanterie-Regiment 208 versetzt. Clahes nahm an vier Feldzügen, 1914 in Belgien und Frankreich, 1915 in Rußland und Serbien, 1917 abermals in Frankreich teil.[39] Am 1. Juli 1915 wurde er zum Leutnant und Kompanieführer befördert und als Oberleutnant der Reserve 1917 aus dem Heeresdienst entlassen.[40] Er war verwundet worden und hatte sich im Frontdienst eine Lungenerkrankung zugezogen. Im Zusammenhang mit seiner Kriegsteilnahme wurde ihm von der Pensionsabteilung im Kriegsministerium in Berlin ein Pensionsnachweis ausgestellt, wonach die Pensionsgebührnisse bis 1919 bewilligt worden waren.[41] In der Personalakte findet sich eine Liste über Orden und Auszeichnungen, die er als Soldat erhalten hatte. Den Besitz dieser Auszeichnungen ließ er sich am 2. Oktober 1936, da ist er schon nach Berlin abgeordnet, vom braunschweigischen Stadtverwaltungsdirektor Menge bescheinigen.[42] Zu welchem Zweck Clahes diese Bescheinigung erwirkte, bleibt unklar. Zu vermuten ist, dass er sich als verabschiedeter und mehrfach ausgezeichneter Offizier im Besitz der korrekten politischen

Überzeugung positive Auswirkungen auf seine Karriere im System der neuen Machthaber erhoffte.

Die Verabschiedung aus dem Heer ermöglichte ihm im Wintersemester 1917/18 die Immatrikulation an der Juristischen Fakultät der Universität Göttingen, die er zunächst bis Ende des Wintersemesters 1919 besuchte. Nach einer Unterbrechung, deren Gründe nicht bekannt sind, nahm er das Studium an der Universität Göttingen von Ende Januar 1919 bis zum 12. Mai 1919 wieder auf.[43] Er studierte Rechtswissenschaften bei dem renommierten Strafrechtler Hippel[44] sowie Nationalökonomie bei Oldenberg,[45] einem Schüler Gustav Schmollers.[46] Das Volkswirtschaftsstudium schloss Clahes nicht ab. Unbekannt ist, welche Gründe ihn bewogen, sich gegen die Weiterführung des Volkswirtschaftsstudiums und für das Jura-Studium zu entscheiden. Bei Schulz[47] absolvierte er Übungen zum Bürgerlichen Recht und legte drei schriftliche Arbeiten vor. Davon wurden zwei mit »voll ausreichend«, die dritte mit »nur noch ausreichend« bewertet.

An der Universität Leipzig war er vom 4. Oktober 1919 bis zum 30. Juli 1920 immatrikuliert.[48] Dort hörte er u.a. Vorlesungen zum Sozialversicherungs- und Verwaltungs- sowie Völker- und Kirchenrecht. Er absolvierte Übungen im bürgerlichen Recht bei Jaeger[49] und fertigte vier Arbeiten an, von denen drei mit »befriedigend« eine mit »gut« bewertet wurden. Bei Jaeger absolvierte er auch ein Zivilprozesspraktikum. Zwei seiner Arbeiten wurden mit »genügend«, eine mit »gut« beurteilt.

Am 8. September 1920 beantragte Clahes die Zulassung zur Ersten Juristischen Staatsprüfung und wurde mit Bescheid vom 6. Dezember 1920 zum Examen zugelassen. Die schriftliche Prüfung wurde auf Samstag, den 19.12.1920, pünktlich 9 Uhr, die mündliche Prüfung auf Mittwoch, den 22.12.1920, pünktlich 10 Uhr, festgesetzt. Clahes wurde aufgefordert, den Empfang dieser Vorladung umgehend zu bestätigen.[50] Über das Ergebnis dieser Prüfung sind keine Dokumente nachweisbar, vermutlich sind sie verlorengegangen oder vernichtet worden. Lediglich die Einladung zur Prüfung ist vorhanden.

Allerdings findet sich ein deutlicher Hinweis auf die Endnote des 1. Examens in dem Gutachten zur Zweiten Juristischen Staatsprüfung vom 19.06.1923. Demnach erreichte Clahes im 1. Examen die Gesamtnote III b »hinlänglich«, wobei bei der Beurteilung der Leistungen Teilnahme am Krieg und Verwundung positiv zugunsten des Kandidaten gewertet wurden.[51] Mit anderen Worten: Man ließ Clahes aus Mitleid die Prüfung passieren.

Die Referendarausbildung begann am 13. Januar 1921 und endete nach zwei Jahren am 4. Februar 1923.[52] Während des Vorbereitungsdienstes lernte Clahes verschiedene Institutionen des Rechtswesens und der Verwaltung kennen, Amts- und Landgericht, die Staatsanwaltschaft, die Kreisdirektion Braunschweig sowie gegen Ende des Referendariats Tätigkeiten in der Kanzlei des Rechtsanwalts und Notars Justizrat Dr. Kurd Semler in Braunschweig.[53] Für Clahes wird Semler nochmals bedeutsam werden: Er stellte ihm im Jahre 1946, da war er Oberbürgermeister von Braunschweig, sicher auf dessen Betreiben, einen sog. Persilschein aus.

Auf die Inhalte der Zeugnisse, die Clahes seiner Meldung zur Zweiten Juristischen Staatsprüfung beifügte, wird im Folgenden einzugehen sein: Mit Datum vom 20. Februar 1923 erklärte der Prüfungsvorsitzende, der Präsident des Oberlandesgerichts Braunschweig Levin, unter gleichzeitiger Aufstellung der Dienstzeiten Clahes' Vorbereitungsdienst für beendet.[54]

In den Akten »das Gesuch des Referendars Willi Clahes von hier zur Zulassung zur zweiten juristischen Prüfung betr., Frühjahrs-Prüfung 1923«, findet sich auf einem sog. Kanzleibogen das mit Datum vom 28. Februar 1923 an den »Herrn Vorsitzenden der zweiten juristischen Prüfungskommission« ausgefertigte Gesuch, mit dem Clahes »gehorsamst um Zulassung zur zweiten juristischen Prüfung«[55] bat. Seinem Gesuch hatte er die acht Zeugnisse, die seine Ausbildungsabschnitte dokumentierten, als Anlagen beigefügt, die sich auf die einzelnen Ausbildungsabschnitte bezogen. Auf der linken Halbseite des Kanzleibogens findet sich die vom Vorsitzenden unterzeichnete Zulassungsverfügung sowie die schriftlich zu erarbeitenden Aufgabenstellungen, für deren Bearbeitung eine Frist von zwei Monaten eingeräumt wurde. Ein weiterer Bescheid des Prüfungsausschusses präzisierte die beiden Aufgabenstellungen. Der Kandidat wurde in einem nach unseren Vorstellungen recht umständlichen Deutsch[56] angewiesen, bestimmte Vorschriften und Regularien bei der Abfassung der Hausarbeit zu beachten. Am 6. März 1923 bestätigte Clahes den Erhalt der Prüfungsaufgaben und entrichtete die Prüfungsgebühr von 50 Mark. Die Berichterstatter und Gutachter wurden namentlich benannt.

Die am Ende der jeweiligen Ausbildungsabschnitte gefertigten dienstlichen Beurteilungen bescheinigten dem Referendar Clahes genügende Rechtskenntnisse, eine tadellose Führung[57] sowie Fleiß und Pünktlichkeit.[58] Die einzelnen Abteilungen des Amtsgerichts Braunschweig bescheinigten, dass er »zur vollen Zufriedenheit« gearbeitet habe und seine Führung tadellos gewesen sei.[59] Etwas differenzierter formulierte der Präsident des Landgerichts, Wicke. Er attestierte dem Referendar Clahes am 7. Dez. 1922, dass er zwar fleißig gearbeitet habe, pünktlich und ordnungsliebend sei, fährt dann aber fort: »Seine schriftlichen Arbeiten haben oft Flüchtigkeitsfehler enthalten und Unbeholfenheit im Ausdruck gezeigt. Die Fähigkeiten und das Wissen des Referendars können nur als ‚gerade genügend' bezeichnet werden. Allenfalls wird man Clahes sagen können, daß er das Ziel der Ausbildung beim Landgericht erreicht habe und daß deshalb sein landgerichtlicher Vorbereitungsdienst abgekürzt werden könne. Seine Führung ist tadellos gewesen«. Er habe, so der Präsident des Gerichts, das Ziel gerade erreicht. Das »Allenfalls« in der Bedeutung von »bestenfalls« oder »höchstens« verschärft das an sich schon vernichtende Urteil Wickes weiter. Damit endete der Teil dieser Ausbildung vorzeitig, nicht aber wegen besonderer Leistungen.

Die Beurteilungen der Leistungen beschrieben sogenannte Nulltugenden, die bei jedem Arbeitnehmer auch heute noch als Selbstverständlichkeit vorausgesetzt werden und daher keinerlei Hervorhebung verdienen. Geschieht das aber ausdrücklich, so bedeutet das, dass spezielle Fähigkeiten und Kenntnisse nicht festzustellen sind.

Für einen potentiellen Arbeitgeber ist eine derartige Beurteilung der klare Hinweis, von einer Einstellung des Bewerbers abzusehen. Lediglich die vom Justizrat Semler ausgefertigte Beurteilung liest sich auf den ersten Blick ein wenig freundlicher, nennt aber ebenfalls keine speziellen Tätigkeiten, die in einer Anwaltskanzlei anfallen. Herausragende Kenntnisse des Zivil- oder Strafrechts oder Notariatsarbeiten werden expressis verbis nicht genannt. Auch über den Umgang mit Mandanten, eine für den Bestand und das Ansehen einer Kanzlei wichtigen Aspekt, wird nichts ausgesagt.

Der zweiten Juristischen Staatsprüfung unterzog sich Clahes nach der Vorbereitungszeit (5.2.1923-11.7.1923). Sie bestand aus einer Notariats- und einer Prozessarbeit. Diese Arbeit wurde von fünf Gutachtern, unter ihnen der Präsident des Oberlandesgerichts Braunschweig Levin,[60] beurteilt. Hauptreferent war der Oberlandesgerichtsrat Wilhelm Seidler.[61] Nach einem 3 ½-seitigen mit Tintenstift geschriebenen, nach nunmehr 80 Jahren nur sehr mühsam zu entziffernden Gutachten für beide Arbeitsteile kam er für den I. Abschnitt, den prozessrechtlichen Teil, zu der Note »nicht völlig genügend (III b-IV)«, für den II. Abschnitt, die Notariatsarbeit, zu der Note »kaum genügend (III b)«. »Die Notariatsarbeit halte ich etwas höher als den Notariatsentwurf, kann sie aber auch nur als ‚kaum genügend‘ (III b) bezeichnen«.[62] Seidler erklärte, Milde walten lassen zu wollen und gab als Begründung, dass man bei anderen Kandidaten, die im Kriege verwundet worden seien, auch so verfahren sei. Als Beleg und zur Kenntnis der Mitgutachter führte er zwei Fälle an.

Der ebenfalls beurteilende Oberlandesgerichtspräsident Levin hob die Mängel der Arbeiten hervor, schloss sich aber wie die drei anderen Gutachter auch der Beurteilung Seidlers an. Clahes wurde zur mündlichen Prüfung zugelassen. Ihm kam die Teilnahme am 1. Weltkrieg auch hier wieder insoweit zugute, dass er die Prüfung aus diesen Gründen, nicht aber wegen seiner Kenntnisse und

Leistungen bestand. Die Benotung der mündlichen Prüfung sowie die Endnote sind nicht bekannt.

Clahes hat sich, diesen Schluss lassen die Ergebnisse von Notabitur, der Teilnahme an Übungen während des Studiums und Examina zu, mühsam einen Weg durch das Jura-Studium gebahnt. An eine Karriere im Justizdienst, im Bereich des Straf- oder Zivilrechts, wäre auch zu damaliger Zeit auf Grund der erbrachten Leistungen nicht zu denken gewesen.

Erste Schritte im Beruf

Unter dem Betreff »Ernennung von Regierungsassessoren«[63] teilte das Braunschweigische Staatsministerium mit Datum vom 21. Juli 1923 mit, dass man beschlossen habe, den »geprüften Referendar Willi Clahes (im Original unterstrichen, Anm. d. Verf.) in den Verwaltungsdienst des Freistaates Braunschweig zu übernehmen und ihn vom 23. d. Mts. ab bis auf weiteres der Kreisdirektion Holzminden zur Beschäftigung zu überweisen«. Clahes wurde als Angestellter übernommen und führte vom Zeitpunkt seiner Anstellung an die Amtsbezeichnung »Regierungsassessor«. Ohne ein profundes Studium des Verwaltungsrechts wurde Clahes Verwaltungsbeamter. Diese Möglichkeit ist mit dem Bestehen der zweiten Staatsprüfung, der Befähigung zum Richteramt, gegeben.

Clahes fand sich am 25. Juli zum Dienstantritt ein, wurde in Gegenwart des Kreisdirektors Hoffmann in sein Amt eingewiesen und legte den Eid auf die Verfassung des Freistaates Braunschweig ab. Die Bestellungsurkunde und das Prüfungszeugnis wurden ihm »behändigt«, d.h. ausgehändigt.[64]

Aber schon am 1. November 1923 wurde Clahes mit sofortiger Wirkung an die Kreisdirektion Braunschweig versetzt. Was zu dieser raschen Versetzung an eine andere Direktion führte, ist nicht bekannt, ebenso wenig über seine Tätigkeiten bei beiden Kreisdirektionen. Akten, die Aufschlüsse geben könnten, sind nicht (mehr) vorhanden oder auffindbar.

Bei der Personalakte findet sich auch ein Schreiben, das schon einen kleinen Einblick auf die Wahrheitsliebe von Clahes ermöglicht. Er antwortete handschriftlich auf eine Verfügung des Braunschweigischen Minister des Innern, die allerdings nicht auffindbar ist. Aufgrund der von Clahes vorgenommenen Beantwortung könnte der Inhalt dieser Verfügung lediglich ungenau rekonstruiert werden. Allerdings ist in diesem Zusammenhang lediglich der letzte Absatz von Interesse. Clahes verschweigt dort einfach den Grund für die vorzeitige Beendigung des Vorbereitungsdienstes am Landgericht und damit auch die Beurteilung, die ihm der Landgerichtspräsident Wicke ausstellte.[65] Bemerkenswert ist auch eine telefonische Anfrage des Ministerialrats aus dem Reichswehrministerium Dr. Kriesel. Dieser Anruf fand seinen Niederschlag in einem Aktenvermerk: Das Reichswehrministerium fragte an, ob Clahes bereit wäre, nach Berlin in das Reichswehrministerium zu wechseln. Grundsätzlich sei Clahes bereit, heißt es, aber: »Er behält sich jedoch die Möglichkeit des Rücktritts vor für den Fall ungünstiger Bedingungen«. Paraphiert ist der Vermerk mit »E«, was vermutlich für den damaligen Kreisdirektor Erdmann steht. Am 12. November nahm Clahes den Vermerk zu den Akten.[66] Welche ungünstigen Bedingungen in diesem Fall den Wechsel nach Berlin verhinderten, ist unbekannt. Deutlich wird an dieser Stelle, dass Clahes geneigt war, sich abzusichern. Er scheute offensichtlich das Risiko. Diese Eigenschaft wird zu einem späteren Zeitpunkt wieder deutlich hervortreten, als es im Jahre 1938 darum ging, nach Berlin in die Generalbauinspektion (GBI) zu wechseln. Darüber wird im Kapitel »Der ‚Ruf' nach Berlin« zu reden sein. Am 1. März 1925 wurde Clahes zum außerplanmäßigen Beamten ernannt.[67] Aufschlüsse über den Inhalt seiner Bewerbung, falls eine solche überhaupt vorgelegen hat, etwaige Einstellungsmodalitäten oder Tätigkeitsbereiche oder aber Beurteilungen, die Kenntnisse über die Qualität seiner Arbeit enthalten, sind nicht nachweisbar.

Nach vier Jahren und drei Monaten wurde Clahes am 8. November 1927 zum Regierungsrat ernannt. Die Ernennung war mit einem Wechsel nach Braunschweig verbunden. Zu dieser Zeit wurde der Freistaat Braunschweig noch von der SPD regiert. Oberbürgermeister Braunschweigs war das SPD-Mitglied Ernst Böhme.[68] In dieser Zeit, von 1919 bis 1928, gehörte Clahes der Deutschen Volkspartei (DVP)[69] an, wechselte dann aber 1929 zur Deutschnationalen Volkspartei (DNVP),[70] der er bis 1931 angehörte. Am 1.10.1932[71] trat er in die NSDAP ein und galt aufgrund seines Parteibeitritts vor 1933 als »alter Kämpfer«. Er erhielt die Mitgliedsnummer 1.356.606, an die er sich – lt. Entnazifizierungsakte – nicht erinnern konnte oder wollte.[72]

Auf den ersten Blick mag der Parteienwechsel erstaunen. Nach immerhin 10 Jahren Zugehörigkeit zur DVP wechselt er zur DNVP, der er mal gerade zwei Jahre angehört hatte, um dann NSDAP-Mitglied zu werden. Dokumente, anhand derer sich die Wechselgründe belegen lassen, sind nicht vorhanden. Eine Betrachtung der politischen Entwicklung in den Jahren 1928 bis 1932 könnte jedoch helfen, diese Gründe zu veranschaulichen. Stresemann vollzog eine Abkehr von einigen der im Jahre 1918 formulierten programmatischen Ziele der Partei und vollzog eine Hinwendung zur Realpolitik, z.B. der Anerkennung der Weimarer Republik, die man 1918 noch strikt abgelehnt hatte. Die gleichfalls im Jahre 1918 gegründete DNVP vertrat die Interessen der aus dem Kaiserreich stammenden Eliten: Adel, Beamtentum, Offiziere. Dem parlamentarisch-demokratischen System stand man feindlich gegenüber, wünschte sich eine Wiederherstellung der Monarchie und verlangte, den Versailler Friedensvertrag außer Kraft zu setzen. Die Weltwirtschaftskrise tat ein Übriges: Es kam zu einer Rechtsorientierung des Bürgertums, dem auch Clahes angehörte. Hugenberg, Vorsitzender der DNVP – heute würde man ihn einen Medienmogul nennen – sorgte mit seinem Zeitungsimperium für die Verbreitung antidemokratischer und antirepublikanischer Politik. Darüber hinaus trat er für die Bekämpfung der »Vorherrschaft des Judentums in Regierung und Öffentlichkeit sowie die Unterbindung der antijüdischen Einwanderung« ein. Die 1931 gebildete »Harzburger Front«,[73] ein Zusammenschluss von DNVP und NSDAP, mag Clahes dann dazu veranlasst haben, in die NSDAP einzutreten, da er dort nicht nur wesentliche programmatische Punkte erkannte, wie sie auch von der DNVP vertreten wurden, sondern diese Partei als den stärkeren, den erfolgreichen Machtfaktor sah. Man wird daher sagen können, Clahes habe die Parteien bewusst gewechselt, bis er schließlich Mitglied der Partei war, die ihm ein karrierebewusstes Fortkommen garantieren konnte.

Willi Clahes, nun seit 1927 Regierungsrat in der Braunschweigischen Staatsverwaltung und damit finanziell abgesichert, heiratete im Jahr 1929 die 14 Jahre jüngere, aus Bremen stammende Schneidermeisterin Irmgard Helene Lina Graalfs. 1931 wurde die Tochter Irene, 1935 der Sohn Eberhard geboren.[74] Im Jahre 1932 wurde Clahes auf 10 Jahre zum besoldeten Stadtrat der Stadt Braunschweig gewählt. Um den neuen Wahlbeamten der Braunschweiger Bürgerschaft vorzustellen, erschien vor seiner Amtsübernahme in einer Braunschweiger Zeitung in der Rubrik »Stadt und Land« ein Artikel mit der Überschrift »Der neue Jurist der Stadtverwaltung«. Dem Artikel war ein Bild von Clahes beigegeben, das einen offensichtlich nach der Mode der damaligen Zeit korrekt gekleideten, ernst dreinblickenden schmallippigen Mann zeigte. Der unter dem Bild angegebene Vorname war falsch. Offensichtlich verwechselte der Redakteur die Rufnamen von Sohn und Vater.

Der Artikel beschreibt Clahes' Werdegang (vgl. Personalbogen der Stadt Braunschweig). Leider sind Quelle und Erscheinungsdatum des Artikels nicht erhalten, so dass der Erscheinungszeitraum nur geschätzt werden kann. Da er mit Sicherheit vor der Amtseinführung Clahes' erschienen sein dürfte, kann er lediglich wenige Tage vor der Amtsübernahme, also vor dem 1.10.1932, abgedruckt worden sein. In lobenden Tönen werden dort im Einzelnen die beruflichen Stationen genannt, die Clahes durchlaufen hat. Er selbst wird in dem Artikel lobend als »tüchtiger Jurist« bezeichnet, der »eine erfolgreiche juristische Verwaltungslaufbahn beschritten hat und dessen Kenntnisse dem Rat der Stadt sehr zustatten kommen (…)«. Und weil Clahes »ein so tüchtiger hervorragender Jurist« ist (vermutlich Braunschweiger Zeitung, vor dem 1.10.1932), überträgt ihm der Braunschweigische Innenminister und spätere Ministerpräsident Klagges, im November 1931 also bereits vor seinem Eintritt in die NSDAP die Geschäftsführung der Landesleitung der Braunschweigischen Notgemeinschaft.[75] Neben seiner hauptamtlichen übte Clahes einige Nebentätigkeiten aus: Als Mitglied des Aufsichtsrats der Kraftverkehrsgesellschaft Braunschweig bekam er für jede Sitzung, an der er teilnahm, eine Vergütung von 12,00 RM, als Leiter des Unterrichts für Regierungsobersekretärsanwärter von Oktober 1927 bis Mai 1928 4,00 RM pro Sitzung, als Vorsitzender des Mieteinigungsamtes Thedinghausen 200 RM pro Jahr und als Vertreter des Kreisdirektors Erdmann 5,00 RM pro Sitzung.[76] Zudem genehmigte Klagges Clahes für das Wintersemester 1931/32 die Abhaltung von Vorlesungen über Sozialpolitik an der Braunschweiger Verwaltungsakademie.[77] Berücksichtigt man die Bewertungen aus dem Abitur und den beiden Staatsexamina, so fällt es schwer, sich dem Urteil des Artikelschreibers anzuschließen, es sei denn, Clahes hätte seine juristischen Kenntnisse nach den Examina um ein Vielfaches vertieft. Aus eben diesen Gründen möchte man auch die Qualität seiner Tätigkeit an der Braunschweiger Verwaltungsakademie bezweifeln. Daher tut man gut daran, den beruflichen Werdegang vor dem Hintergrund der politischen Entwicklung in Braunschweig zu betrachten.

Mit Beteiligung der BEL, der Bürgerlichen Einheitsliste, bestehend aus: DVP, DNVP, Zentrum, Wirtschaft, Einheitsliste, Haus- und Grundbesitzerpartei bildete die NSDAP eine Minderheitsregierung. Jede Fraktion erhielt einen Ministerposten, die NSDAP den so wichtigen für Inneres und Volksbildung, der an Dietrich Klagges ging, der am 15. September 1931 Innen- und Volksbildungsminister wurde. Mit diesem Tage beginnt die Machtübernahme der Nationalsozialisten in Braunschweig, immerhin etwa 1 ½ Jahre eher als in Berlin und damit im Reich. Damit war diese Partei nicht nur maßgeblich an der Regierung beteiligt, sondern sie hatte auch mit dem Amt des Innenministers den für das weitere Vorgehen in Braunschweig wichtigen Posten des Polizeiministers inne, mit dessen Hilfe in den Folgejahren erheblicher Terror in Braunschweig durch das Triumvirat Klagges,[78] Alpers[79] und Jeckeln[80] gegen Gegner und Missliebige ausgeübt wurde.

Alles politische Handeln wurde in dieser Zeit von der Weltwirtschaftskrise beeinflusst, deren Auswirkungen durch die Politik

Brünings,[81] Nachfolger des Reichskanzlers Müller (SPD),[82] noch verschärft wurden. Brüning verfolgte eine rigide prozyklische Sparpolitik, die nur dazu geeignet sein konnte, den wirtschaftlichen Niedergang zu verstärken. Die Kürzung von Löhnen und Gehältern, die Erhöhung von Steuern, die Senkung der Unterstützungssätze für Arbeitslose führten zu einem erheblichen Kaufkraftschwund, Rückgang der Binnennachfrage, steigenden Arbeitslosenzahlen und schließlich zur Massenarbeitslosigkeit. Auswirkungen dieser Politik verspürte man auch in Braunschweig. Die im Jahre 1930 erfolgten Wahlen verschafften der NSDAP im Freistaat Braunschweig die Regierungsbeteiligung, die sie bei den Wahlen zum Reichstag nicht erreicht hatte.

Grund für das starke Aufkommen der NSDAP im Lande Braunschweig und die durchaus deutliche Begeisterung für die braunen Kolonnen und deren Veranstaltungen war die hohe Zahl politikverdrossener Wähler, unzufriedener Handwerker, Kaufleute, Landwirte und Großgrundbesitzer, die bislang DVP oder DNVP gewählt hatten und sich in ihren politischen Vorstellungen und Wünschen enttäuscht sahen. Der Übertritt von der DNVP in die NSDAP war für sie ein kleiner Schritt. Braunschweig wurde zur Bühne für Auftritte, Aufmärsche, Terrorakte der Nationalsozialisten, die auch vor Morden nicht zurückschreckten, um ihre Macht zu verankern.

Anzunehmen ist, dass Clahes es verstanden hat, sich den verändernden politischen und wirtschaftlichen Verhältnissen der Zeit anzupassen. Weder die Mitgliedschaft in der DVP oder in der DNVP dürfte seiner Karriere hinderlich gewesen sein, da DVP und DNVP (Deutschnationale Volkspartei) als Block BEL eine Koalition mit den Nationalsozialisten unter Dietrich Klagges eingingen. Noch in der DNVP beobachtete er die Entwicklung in Braunschweig, in der die NSDAP schließlich die alleinige Macht besaß, und trat dann, aus rein opportunistischen Motiven konsequenterweise der NSDAP bei, der Partei, die seit spätestens 1930 die bürgerliche Mehrheit aus der Regierung verdrängt hatte. Es muss Clahes bewusst gewesen sein, dass im Freistaat Braunschweig eine Karriere ohne diese Partei nicht möglich war.

Die Einstellung und Ernennung von Clahes zum Stadtrat verlief nicht reibungslos. Ausweislich der Ernennungsurkunde wurde er ab 1. Oktober 1932 »Durch Beschluß des Staatsbeauftragten zur Wahrnehmung der Obliegenheiten der Stadtverordnetenversammlung der Stadt Braunschweig« vom 24. September 1932 zum besoldeten Stadtrat gewählt.[83] Da der Rat der Stadt die Ernennung von Clahes und einem weiteren Stadtrat, dem Oberstudiendirektor Dr. Benze,[84] für ungültig erachtete, kam es in dieser Streitfrage zu einem Verfahren vor dem Braunschweiger Verwaltungsgerichtshof, in dem die Klage am 18. Januar 1933 abgewiesen wurde.[85] Clahes war unter Vorbehalt eingestellt worden und erhielt die Urkunde samt Berechnung der Dienstzeiten daher erst am 27. Januar 1933 ausgehändigt. Er erwartete jedoch, dass bei der Berechnung des Besoldungsdienstalters die im Staatsdienst geleisteten Dienstjahre berechnet würden. Dieses Ersuchen wurde abgelehnt, da es sich um eine Neueinstellung handelte, nicht aber um eine Beförderung, so der Verfasser des Aktenvermerks.[86] Die Entscheidung fiel in Anlehnung an eine Entscheidung des Provinzialrats der Provinz Sachsen, wo es laut Aktenvermerk einen ähnlich gelagerten Fall gegeben hatte. Erst im Jahre 1939 fand die Auseinandersetzung um die Festsetzung der Dienstbezüge ein Ende. Weiterhin wurde ihm mit Ratsbeschluss vom 16. September 1933, Clahes war seit 1932 Mitglied der NSDAP, »die Genehmigung erteilt, die Führung der NS-Volkswohlfahrt[87] (N.S.V.) und das Winterhilfswerk[88] zu übernehmen«.[89] Das dürfte – mit aller Vorsicht ausgesprochen – bedeuten, dass Clahes um diese Genehmigung nachgesucht hatte.

Kreisleiter Dr. Hesse,[90] der nach Absetzung des legitim gewählten Oberbürgermeisters Böhme[91] dessen Nachfolger wurde, sorgte dafür, dass lediglich Parteimitglieder in den öffentlichen Dienst eingestellt wurden bzw. dort verbleiben durften.[92] Clahes hatte sich also rechtzeitig neu orientiert. Die Ämter, die ihm ab 1931 bis 1937 im nationalsozialistisch regierten Braunschweig übertragen wurden, lassen die Vermutung zu, dass er die Mächtigen in Braunschweig nicht nur aus der Ferne kannte, sonst wäre er weder Amtsleiter noch Stadtrat noch Kreisamtsleiter der N.S.V. noch schließlich 1. Beigeordneter (Bürgermeister) geworden. Die Gemeindeordnung des Jahres 1935 bildete schließlich die Grundlage für Clahes weiteren Aufstieg. Sie bestimmte, dass der Oberbürgermeister einen Beigeordneten als ständigen Vertreter zu ernennen hatte, der Jurist war. Diese Berufung erfolgte aufgrund des §12, Abs. 1, Satz 2 der 1. Verordnung zur Durchführung der Deutschen Gemeindeordnung vom 22.03.1935.[93] Diesem Umstand widmeten die »Braunschweiger Neueste Nachrichten«, Nr. 55 vom 6. März 1935, einen längeren Artikel.

Auch die »Braunschweiger Tageszeitung«, Nr. 79 vom 3. April 1935, ging ausführlich auf diesen Sachverhalt ein und schilderte vor dem Hintergrund der Ausführungen über die neue Gemeindeordnung den Werdegang des neuen Bürgermeisters. Der Leser erfuhr hier Einzelheiten, die er auch schon 1932, vor Clahes' Wahl zum Stadtrat, in der Zeitung hatte lesen können. Dennoch gab es auch einige Neuigkeiten: Auf dem relativ groß gehaltenen Bild, das einen offensichtlich dicklichen Bürgermeister Clahes zeigt, war deutlich das auf dem linken Revers des Jacketts befindliche Parteiabzeichen zu erkennen, ein eindeutiges Bekenntnis zur NSDAP, von dem er aber nach 1945 nichts mehr wissen wollte. War in dem Bericht des Jahre 1932 noch vom tüchtigen Juristen die Rede, so wurde hier nun hervorgehoben, dass Clahes in Göttingen und Leipzig »Jurisprudenz und Volkswirtschaft« und in Göttingen u.a. Rechtswissenschaften bei dem renommierten Robert von Hippel, in Leipzig bei dem Staatsrechtler Jacobi studiert habe.

Auch die Aussage, er habe Volkswirtschaft studiert, ist richtig, wenngleich er nur einige wenige Vorlesungen gehört hat, so dass allenfalls von einer Art Begleitstudium gesprochen werden kann.

Der Verfasser des Artikels nannte die einzelnen Stationen, die Clahes bei den Kreisdirektionen durchlaufen hatte, ging aber nicht auf die Tätigkeit beim damals zu Braunschweig gehörigen

Willi Clahes, Fotografie, Zentralkartei der NSDAP 1934

Mieteinigungsamt Thedinghausen ein, zu dessen Vorsitzendem er im Jahre 1927 ernannt worden war. Ebenso sei er von 1927 bis 1931 Chef des Landesjugend- und Landesfürsorgeamtes gewesen und Ende 1931 zum Geschäftsführer der von Klagges gegründeten Braunschweigischen Notgemeinschaft, einer Vorläuferin der N.S.V., bestellt worden. Auch diese Tätigkeit führte Clahes zur vollen Zufriedenheit des Braunschweigischen Ministerpräsidenten aus: Klagges bescheinigte »dem Parteigenossen Stadtrat Clahes«, dass dieser in den Jahren 1931 bis 1933 als geschäftsführendes Mitglied der Landesleitung der Braunschweigischen Notgemeinschaft, der Vorläuferin der N.S.V., tätig gewesen war. Hervorgehoben wurde in dem Schreiben seine aufopfernde Tätigkeit, das Geschick und die unermüdliche Arbeit, ohne die der Erfolg der N.S.V. nicht möglich gewesen wäre.[94] Auf einem der Personalakte beigefügten Fragebogen, ausgefüllt am 30. Juli 1934, bemerkte der Stadtrat Clahes unter Punkt »7. Betätigung in der Partei und deren Nebenorganisationen: Kreisamtsleiter der N.S.V.« und unter »8. Mitglied der N.S.V. ja«. Er bejahte die Frage, ob er »Stammieter«[95] im Landestheater sei, fügte dem Fragebogen eine weitere Ordnungszahl (11.) hinzu und gab dort an, dass er Abonnent der »Braunschweiger Tageszeitung«[96] und der »Braunschweiger Landeszeitung«[97] sei. Neben seiner Tätigkeit als Stadtrat wurde Clahes vom Reichsarbeitsminister mit Datum vom 16. Juni 1933 zum Kommissar zur Beaufsichtigung der Innungskrankenkasse »Vereinigung« und der Innungskrankenkasse der Baugewerksinnung bestellt. Ziel war die Übernahme der Kassenorgane,[98] die Grundlage dafür war die 1. Verordnung zur Neuordnung der Krankenversicherung vom 17. März 1933.[99] Mit dieser Maßnahme wurde die Gleichschaltung beider Kassen eingeleitet. Es ist kaum anzunehmen, dass man einem als unzuverlässig geltenden Parteimitglied und Mitarbeiter diese Aufgaben anvertraut hätte. Ein Dankschreiben des Reichsarbeitsministeriums an den Braunschweigischen Minister des Inneren drückte dann auch die Zufriedenheit mit der von Clahes geleisteten Arbeit aus.[100]

Weiterhin wurde ihm mit Ratsbeschluss vom 16. September 1933 »die Genehmigung erteilt, die Führung der NS-Volkswohlfahrt und das Winterhilfswerk zu übernehmen«.[101] Das dürfte – mit aller Vorsicht ausgesprochen – bedeuten, dass Clahes um diese Genehmigung nachgesucht hatte. Mit Blick auf das spätere Entnazifizierungsverfahren, das Clahes sozusagen posthum durchlief, ist diese Feststellung wichtig, widerlegt sie doch seine Behauptung, er sei gezwungenermaßen als kommissarischer Kreisamtsleiter der NS-Volkswohlfahrt tätig gewesen (s. Kapitel »Entnazifizierung«). Im Braunschweiger Studentenwerk wurde Clahes mit Datum vom 8. Dezember 1933 Mitglied des Verwaltungsrates.[102] Am 7. Juli 1936 wurde der »Sehr geehrte Parteigenosse Clahes« unter Berufung auf ein Gespräch in Braunschweig zunächst als Gast im Namen des Vorsitzenden des Deutschen Gemeindetages in den Wohlfahrtsausschuss dieses Gremiums berufen. Eine förmliche Bestallung durch den Preußischen Minister des Innern wurde fest in Aussicht gestellt.[103]

Clahes vereinigte damit eine Fülle von Ämtern auf sich, die in keiner Weise den Schluss zulassen, ihm sei der Nationalsozialismus innerlich zuwider gewesen, auch nicht, dass er möglicherweise das Parteiabzeichen als eine Art von Tarnkappe benutzt hat, um politisch Andersdenkenden Gutes zu erweisen. Clahes war mit der geforderten Ausbildung als Jurist zur richtigen Zeit am richtigen Ort, um Karriere zu machen. Und das tat er.

Der Beamte im Nationalsozialismus – ein Exkurs

Der preußische Beamte gilt als Muster für Pflichterfüllung, Treue und Redlichkeit. Treue und Redlichkeit – losgelöst von der Geschichte gelten die preußischen Beamtentugenden auch heute noch universal als Voraussetzung und Grundlage staatlich verfasster Ordnung und Funktionierens. Zunächst waren dies zwei preußische Tugenden, an die die Bürger und Besucher Potsdams zu jeder halben Stunde durch das Glockenspiel im Turm der Potsdamer Garnisonkirche bis zu ihrer Zerstörung 1945 gemahnt wurden.[104]

Zu diesen oft bespöttelten Tugenden »Treu« und »Redlichkeit« traten Fleiß, Pflichtgefühl, Unbestechlichkeit, sachliches Handeln, um nur einige zu nennen. Interessant ist vor diesem Hintergrund der Blick auf die Beamtenschaft im Nationalsozialismus und die Frage, ob sie sich denn diesen Tugenden verpflichtet fühlte, auf die sich auch die Wegbereiter des Nationalsozialismus bezogen. Dies soll in einem knappen Abriss geschehen, ohne jedoch spezifiziert auf diese Problematik einzugehen und eine juristische Wertung vornehmen zu wollen. Soweit sie jedoch den Gegenstand dieser Untersuchung, Willi Clahes, betrifft, wird das in einem gesonderten Kapitel geschehen. Die Beamten schufen ein neues Dienst- und Disziplinarrecht und das umfassend, freiwillig und vor allem schon kurz nach der sog. Machtergreifung, indem sie normatives (Beamten-)Recht durch positivistisches ersetzten.

Auch zahlreiche Angehörige der beamteten Intelligenz – aber nicht nur diese – beeilten sich darüber hinaus, den neuen Machthabern ihre untertänige Willfährigkeit anzuzeigen, indem sie Ergebenheitsadressen formulierten und auch damit die Politik der Nationalsozialisten legitimierten. Sie übernahmen wie zahlreiche Angehörige der Intelligenz Vorbild- und Vorreiterfunktion.

Beispielhaft, aber keinesfalls mit dem Anspruch auf Vollständigkeit lassen sich Haltung und Wünsche an den Äußerungen zweier Beamter in hervorgehobener Stellung, Heinrich Müller[105] und Hans Gerber,[106] verdeutlichen.

Bereits vor der sog. Machtergreifung veröffentlichte 1931 Heinrich Müller eine Publikation mit dem Titel »Beamtentum und Nationalsozialismus«. Der Text erschien in Erstauflage 1931 und 1933 bereits in unveränderter 7. Auflage. Müller, 1896 geboren, trat erstmals 1921 in die NSDAP ein, war also »alter Kämpfer«. Im Jahre 1931 wurde er als Regierungsrat Vorsteher eines Finanzamts, avancierte in kürzester Zeit, noch im Jahre 1933, zum hessischen Staatsminister und schließlich, nachdem er einige weitere Sprossen auf der Karriereleiter erklommen hatte, wurde er zum Präsidenten des Reichsrechnungshofes ernannt. Müller war ebenso wie Gerber ein beamteter Wegbereiter des Nationalsozialismus. Für ihn war der »(….) Nationalsozialismus die Erfüllung des Schöpferwillens auf Erden (…).«[107] Damit wurde der Nationalsozialismus zur Religion überhöht und Hitler zum Messias stilisiert. Weiter führte er aus: Das »Volk ist für den Nationalsozialisten mehr als politische Zusammengehörigkeit, es ist ein Teil der göttlichen Weltordnung.«[108] Der Beamte sei sich seiner Stellung in dieser Ordnung bewusst, »(…) führt ein Leben in Ehre und Pflicht«.[109]

Ähnlich wie Müller äußerte sich Hans Gerber, Professor der Rechts- und Staatsphilosophie, nach 1933 Mitglied des Führerrats der Universität Tübingen. In seiner Ansprache zur Reichsgründungsfeier der Universität Tübingen sprach Gerber vom »Führer«, »von Geführten« und es fiel hier bereits der Begriff »Drittes Reich«.[110]

Nur wenig später, sechs Monate nach der Verkündung des Gesetzes »Gesetz zur Wiederherstellung des Berufsbeamtentums«[111] hielt Hans Gerber, Autor der Schrift »Auf dem Wege zum neuen Reiche« (1934), in seiner Funktion als Studienleiter der Verwaltungsakademie Stuttgart einen Eröffnungsvortrag mit dem Titel »Politische Erziehung des Beamtentums im nationalsozialistischen Staat« (1933). Weitere Schriften Gerbers, wie »Freiheit und Bindung der Staatsgewalt« (1932), »Staatsrechtliche Grundlinien des neuen Reiches« (1933) und »Politische Erziehung im nationalsozialistischen Staat« (1934) lassen auf eine schnelle Hinwendung nicht nur Müllers und Gerbers zum Staat Hitlers und auf eine Identifikation mit dem System schließen. Auch andere Juristen dienten sich dem Nationalsozialismus an und publizierten Schriften, die dieser Ideologie den Weg bereiteten und ihre Macht etablierten und festigten. Zu nennen wären hier, ohne auf die Vollständigkeit einer Liste nationalsozialistischer Juristen oder Angehöriger anderer wissenschaftlicher Disziplinen bedacht zu sein, die Namen Carl Schmitt,[112] Otto Koellreutter[113] und Theodor Maunz.[114]

Das »Gesetz zur Wiederherstellung des Berufsbeamtentums« vom 7. April 1933, von dem schon andeutungsweise die Rede war, unmittelbar nach der Machtergreifung erlassen, um jüdische und politisch unzuverlässige Beamte aus dem Dienst zu entfernen, war ein erster und grundlegender Schritt zur Gleichschaltung des Beamtentums.

Wer sich um die NSDAP bemüht oder verdient gemacht hatte, konnte als Belohnung auf bevorzugte Beförderungen hoffen. Da Staat und Partei identisch waren, griff die NSDAP auf, was die Beamten des Staates öffentlich aussprachen oder schriftstellerisch publizierten, und gab deren Vorstellungen Gesetzeskraft. »Entsprechend der von einzelnen Reichsverwaltungen getroffenen Regelungen bitte ich die obersten Reichsbehörden, Beamte, die sich im Kampf um die nationale Erhebung besonders verdient gemacht haben und die Gewähr bieten, daß sie auch fernerhin vorbildlich und erzieherisch im Sinne der nationalsozialistischen Bewegung wirken werden, nach Maßgabe verfügbarer geeigneter Stellen außer der Reihe zu befördern«.[115] Nicht auszuschließen ist, dass mancher Beamte, veranlasst durch ein derartiges Versprechen, wegen des persönlichen Fortkommens seine Bedenken gegen die Politik der Nationalsozialisten zurückstellte oder aber einfach über Bord warf. Die geforderte Zuverlässigkeit des zu Befördernden wurde ab 1935 durch die Parteikanzlei der NSDAP überprüft. Die Prüfung wurde insbesondere bei der Besetzung von Spitzenpositionen vorgenommen. Diese Vorgehensweise war insofern Gesetz geworden, da Hitler bereits 1933 vor Reichsstatthaltern ausgeführt hatte:

»Die Partei ist jetzt Staat geworden«.[116] Der Bewerber hatte sich unbedingt und vollständig für die Belange der NSDAP einzusetzen und »in unverbrüchlicher Treue bis zum Tode zum Führer zu stehen«.[117] Der war ihm wie allen anderen bereits länger im Dienst befindlichen Beamten ein »Vorbild«. »Vorbild soll ihm in jeder Hinsicht der Führer sein«.[118] Hitler war zum obersten Dienstherrn geworden, an ihn und die Partei war der Beamte gebunden. Partei und Staat bildeten nunmehr eine Einheit. Das bedeutete konsequenterweise, dass der Beamte zu keinem Zeitpunkt aus der Partei austreten durfte, und missachtete er diese Bestimmung, konnte dies die Entfernung aus dem Beamtenverhältnis zur Folge haben.[119] Mit der Eidesformel des Jahres 1934 verpflichtete sich der Beamte für alle Zeiten der Partei und damit zu blindem Gehorsam.

Diese Eidesleistung wurde Grundlage für ein Treueverhältnis zu Hitler und zur NSDAP und damit begründet, dass die Beamten »(...) Erst wieder im völkischen Eid wieder den Sinn einer Treuebindung gegenüber dem Führer erhalten, die wesentlich auf die innere Gesinnung zielt und auch das äußere Verhältnis ergreift (...)«.[120] Ausdruck des äußeren Verhältnisses war der Gruß, der mit der rechten Hand zu erfolgen hatte. Bei Behinderung des rechten Armes war mit dem linken Arm der sog. Deutsche Gruß zu entbieten und laut und deutlich »Heil Hitler« zu sagen.

Der Eidesleistende wurde als »Gefolgsmann« Hitlers gesehen, von dem eine »innere Hingabe« verlangt wurde.[121] Folgerichtig ließe sich auf den ersten Blick daraus ein wechselseitiges quasi mittelalterliches Gefolgschaftsverhältnis ableiten. Bei genauerem Betrachten fällt auf, dass allerdings zu dem ursprünglichen Wesen des Lehnsrechts kein Bezug bestand:[122] Das Wesen der Gefolgschaft und damit des Gefolgsmannes »(...) beruht auf dem Führergrundsatz und dem Grundsatz der Kameradschaft; in Glaube, Gehorsam und Treue ist die Gefolgschaft des Nationalsozialismus zu einem politischen Orden zusammengeschlossen«.[123] Außerdem wurde verlangt: »Der Beamte muß im deutschen Volk wurzeln«.[124] Sollte das etwa heißen, dass der Beamte Angehöriger des deutschen Volkes sein musste? Diese Voraussetzung war nach dem Reichsbürgergesetz des Jahres 1935 eine Selbstverständlichkeit. Dem heutigen Leser erschließt sich die Bedeutung dieses in fetten Frakturdruck gesetzten Satzes nicht. Es muss sich um eine besonders wichtige Dienstverpflichtung gehandelt haben, über deren Wichtigkeit sich lediglich Vermutungen anstellen lassen. Entweder war die Bedeutung für den betroffenen Personenkreis so klar, dass eine Erläuterung überflüssig war, oder aber der Verfasser wiederholte lediglich eine damals gebräuchliche Phrase, die beliebig interpretiert werden konnte. Möglicherweise aber war er selbst sich des schwülstig vagen Wortgeklingels nicht bewusst, weil es dem Sprachgebrauch der Zeit entsprach.

Verpflichtete der Eid auf die Weimarer Verfassung vom 2.12.1933[125] den Beamten noch, »Volk und Vaterland die Treue zu halten, Verfassung und Gesetze zu beachten«, so schwor der Beamteneid des Jahres 1934[126] den Beamten auf Adolf Hitler persönlich ein und verpflichtete ihn zu Gehorsam und Treue ihm gegenüber. »Ich schwöre: Ich werde dem Führer des Deutschen Reiches und Volkes Adolf Hitler treu und gehorsam sein, die Gesetze beachten und meine Amtspflichten gewissenhaft erfüllen, so wahr mir Gott helfe«.[127] Konsequenz dieser Eidesleistung war, dass der Beamte Amtspflichten zu beachten und Gesetze auszuführen hatte, die von Hitler bestimmt waren und daher schon in ihrem Zustandekommen außerhalb jeder rechtlichen Norm lagen.

»Der Führer muß daher – ohne an bestehende Rechtsvorschriften gebunden zu sein – in seiner Eigenschaft als Führer der Nation (...) als oberster Gerichtsherr und als Führer der Partei – jederzeit in der Lage sein, nötigenfalls jeden Deutschen (...) ohne Einleitung vorgeschriebener Verfahren aus seinem Amte, aus seinem Rang und seiner Stellung zu entfernen«.[128]

Bedeutsam ist, dass Neef[129] dieses Zitat seinem Buch voranstellt. Bedeutsam ist weiterhin, dass es sich um eine »Feststellung des

Deutschen Reichstages vom 26. April 1942« handelt, die Hitler die absolute Handlungsvollmacht gegenüber jedem im öffentlichen Dienst Tätigen zubilligt und legitimiert.

So streng auch diese Bestimmungen und Regeln formuliert waren, stringent ließen sie sich nicht durchsetzen. Der neue Staat konnte auf die Erfahrungen und den Sachverstand der übernommenen alten Fachbeamtenschaft nicht verzichten. Er war so lange auf sie angewiesen, wie eine neue, dem System willfährig und unkritisch ergeben dienende und ideologisch festgelegte Beamtenschaft noch nicht zur Verfügung stand. Dies ist ein Umstand, der sich nicht nur für die Zeit der Weimarer Republik, sondern auch für die Zeit nach der Kapitulation 1945 nachweisen lässt. Ohne die Erfahrung der alten Beamtenschaft wäre eine ordnungsgemäße Verwaltung des Staates nicht möglich gewesen.

Der nationalsozialistische Staat duldete Beamte, die dem Staat neutral oder ablehnend gegenüberstanden oder ihn ablehnten, soweit und solange sie gebraucht wurden. Sie wurden allerdings politischen Schulungen unterzogen.

Dies sollte insbesondere durch die nationalsozialistische Tagespresse, die ja ebenfalls gleichgeschaltet war, insbesondere aber durch »Der Völkische Beobachter« geschehen, zu deren »Studium« man die Beamten verpflichtete. Auch die sog. Beamtenpresse war Pflichtlektüre. Bei dieser Pflichtlektüre handelte es sich um Parteipresse. Sehr deutlich formulierte es der Reichsminister des Innern Frick, dass die Schulungsarbeit des Reichsbundes Deutscher Beamter die Beamtenschaft »mit wahrhaft nationalsozialistischer Gesinnung erfüllt hat«.[130] »Erst mit dem regelmäßigen Studium wird der Beamte in den Stand gesetzt sein, den Geist des Nationalsozialismus so erschöpfend zu erfassen und in sich aufzunehmen, daß er seine ganze Arbeit mit ihm durchdringen und damit dem Staatsleben die vom Führer gewiesene Richtung sichern kann«.[131]

Selbstverständlich wurde auch der Beamtennachwuchs systemtauglich geschult, denn schließlich sollte er die aus der sog.

Systemzeit der Weimarer Republik übernommenen (Fach-)Beamten ersetzen. Für den Nachwuchs galt: »Charakterlich muß der junge Beamtennachwuchs die Gewähr dafür bieten, daß der den ersten Grundsatz für alle Lebensführung zu befolgen sich wirklich bemühen wird: Gemeinnutz geht vor Eigennutz«. Diese griffige Formulierung stimmte den jungen Beamten darauf ein, für das nationalsozialistische Ganze einzutreten, denn durch politische Schulung wird der Beamte ein »Soldat Adolf Hitlers«.[132]

Zusammenfassend lässt sich sagen, dass das Ziel dieses Verfahrens die vollkommene Gleichschaltung der Beamten war, aber wohl schließlich nicht nur derer, sondern des gesamten öffentlichen Dienstes. Allerdings ist zu fragen, ob eine derart dezidierte Anstrengung überhaupt nötig war, ob sich der größte Teil der Beamtenschaft nicht von sich aus der genannten Vorteile wegen, die er sich erhoffte, unterworfen hatte. Führt man diesen Gedanken weiter, hätte der Eid auf Hitler allenfalls das gefestigt, was vor der Machtergreifung bereits latent vorhanden war, die Bereitschaft der Beamtenschaft – oder doch zumindest größerer Teile –, sich bereitwillig jedem beliebigen Herrn als willfähriges Instrument zur Verfügung zu stellen.[133] Drei Aspekte mögen dabei eine Rolle gespielt haben: Die Überzeugung, man könnte auch sagen ideologische Verblendung, Sicherheit des Arbeitsplatzes, Karrierestreben und möglicherweise eine Kombination aller drei Aspekte.

Max Weber hat in diesem Sinne von einem »Einschnappen« gesprochen und ausgeführt: »Die objektive Unentbehrlichkeit des einmal bestehenden Apparats in Verbindung mit der ihm eignen ‚Unpersönlichkeit' bringt es (...) mit sich, daß er (der Beamtenapparat; Anm. d. Verf.) (...) sich sehr leicht bereit findet, für jeden zu arbeiten, der sich der Herrschaft über ihn einmal zu bemächtigen gewußt hat«.[134]

Ohne hier auf einzelne Beispiele eingehen zu wollen, lässt sich das aus der Beobachtung der Geschichte für den Übergang der kaiserlichen Beamtenschaft in die Weimarer Republik, dann der zu großen Teilen identischen Beamtenschaft in das sog. Dritte Reich und von diesem 1945 in die Bundesrepublik und auch in die DDR nachweisen. Das heißt nichts Anderes, als dass große Teile der Beamtenschaft ohne Bedenken und Skrupel in zeitlicher Abfolge reibungslos funktionierende Diener dreier Systeme waren.

Mit dem 08. Mai 1945, dem Kriegsende und dem Ende der nationalsozialistischen Herrschaft, erloschen sämtliche Beamtenverhältnisse. Eine Überführung der Beamtenschaft in den neuen Staat Bundesrepublik war nicht möglich. »Alle Beamtenverhältnisse sind am 08. Mai 1945 erloschen«.[135] Das NS-System habe »rechtserhebliche Tatsachen und Rechtzerstörungen geschaffen«, deren Beseitigung nicht durch einen einfachen Verwaltungsakt geheilt werden könnte. Rechtsstaatliche Zustände, so könnte man evtl. interpretieren, ließen sich ausschließlich durch Gesetzgebungsverfahren mit dem Ziel der Rechtsstaatlichkeit erreichen.

Die Durchführungsstelle der Generalbauinspektion (GBI)[136]

Die Vorgeschichte der Generalbauinspektion begann 1936. Am 30. Januar 1937 wurde sie als übergeordnete Planungsinstanz mit umfassenden Kompetenzen eingesetzt.[137] Die Dienststelle des Generalbauinspektors (GBI) wurde um eine Planungsstelle sowie eine Durchführungsstelle (16.6.1938) erweitert. Dazu fand am 20. Februar 1938 zwischen Speer und Lammers, dem Chef der Reichskanzlei, ein Gespräch zur Frage der Möglichkeit statt, eine solche Stelle einzurichten. Auf den Vorschlag, den Lammers offensichtlich in diesem Gespräch unterbreitet hatte, alle mit Bauvorhaben befassten Abteilungen der Ministerien zu zentralisieren und zu einer Reichsbehörde zusammenzufassen, antwortete Speer mit einem Schreiben vom 25. Februar 1938. Speer lehnte diesen Vorschlag mit einer recht vorsichtigen, wenngleich auch wenig logisch erscheinenden Formulierung ab. Er halte es für sinnvoll, »dass der Ehrgeiz der einzelnen Städte gegeneinander (im Original unterstrichen, Anm. d. Verf.) die Durchführung der Bauvorhaben beschleunigt«.[138]

Von wesentlicher Bedeutung in dieser Auseinandersetzung erscheint Speers Hinweis, dass Hitler bereits Anfang Februar nach Speers Vortrag die Errichtung einer Durchführungsstelle bestimmt habe. Er machte dem Chef der Reichskanzlei Lammers in recht arrogantem Ton deutlich, dass es ihm gleichgültig sei, ob die »(...) in einzelnen Ministerien bestehenden Abteilungen für Bauwesen (...) zu einem neuen Ministerium zusammengefasst werden (...)«.[139] Damit wird klar, dass Speer von nichts anderem als der Macht und dem Rechtsverständnis Hitlers abhängig war, da der sog. Führerwille Gesetzeskraft besaß.[140]

Dieses Schreiben an den Chef der Reichskanzlei, in dem Speer auch die Aufgaben und Tätigkeiten des Generalbauinspektors umreißt, ist in mehrfacher Hinsicht bedeutsam. Zum einen schafft Speer klare Verhältnisse, indem er unter Berufung auf die Autorität Hitlers Lammers' Überlegungen zurückweist, eine zentrale

Reichsbehörde zu schaffen. Zum anderen verfolgt er hier den machiavellistischen Grundsatz des »divide et impera«, indem er die einzelnen Neubaustädte gegeneinander konkurrieren lässt, so dass eine einheitliche Planung nicht zustande kommen kann. Auf diese Weise bleibt Speer auf dem Gebiet des Bauens die oberste Autorität nach Hitler. Zum anderen hat Speers Weigerung auch einen durchaus eigennützigen Grund: Als Reichsminister für das Bauwesen, zu dem er vermutlich ernannt worden wäre, wäre Lammers' Plan denn realisiert worden, hätte Speer Nebentätigkeiten als Architekt nicht ausüben dürfen. In seiner Funktion als Generalbauinspektor konnte er sich diese Tätigkeit durchaus genehmigen lassen und ausüben und damit Honorare aus selbstständiger Architektentätigkeit liquidieren.[141]

Da die von Speer geleitete Planungsstelle überlastet war, wurde, um den Schwierigkeiten bei der Neugestaltung begegnen zu können, eine Verwaltungsstelle des Reiches errichtet, die die Bezeichnung »Durchführungsstelle für die Neugestaltung der Reichshauptstadt« führte und die Koordination der Abläufe übernehmen sollte.[142] Leiter dieser Stelle mit der Amtsbezeichnung »Präsident« wurde auf Vorschlag Speers der ehemalige Braunschweigische Landtagspräsident Ernst Zörner. Mit umfänglichen Vollmachten ausgestattet trat Zörner, der Hitler von Speer als Präsident der Durchführungsstelle vorgeschlagen worden war, sein Amt bereits am 1. April 1938 an. Die Installation der Dienststelle fand erst am 16. Juni 1938 statt.[143] Der Aufgaben- und Tätigkeitsrahmen der Abteilung, ebenso ihre rechtliche Stellung gegenüber den Reichs-, Landes- und Stadtbehörden der Reichshauptstadt wurde aufgelistet.

Die Durchführungsstelle der Generalbauinspektion (GBI) war den Behörden des Reiches, Preußens und Berlins übergeordnet. Sie konnte sich zur Erfüllung ihrer Aufgaben dieser Behörden bedienen. Mit dieser Superbehörde als Instrument verfügte Speer über weitreichende, nahezu diktatorische Vollmachten nicht nur zur Entmietung und Entsiedelung[144] jüdischer Wohnungen und Häuser, sondern auch zur Neubauplanung in Berlin und anderen Städten des Reiches.

Im Zusammenhang mit der Planung traten enorme Probleme auf, da dem Berliner Wohnungsmarkt eine hohe Zahl von Wohnungen fehlte. Das Problem, das allenfalls durch eine stringente Wohnraumbewirtschaftung hätte gemildert werden können, wurde aber nachgerade weiter dadurch verschärft, dass durch den geplanten Abriss von Wohnungen kaum Ersatzwohnraum geschaffen wurde. Und der in ungenügendem Maße neu geschaffene Wohnraum wurde für jene Mieter benötigt, die die Abrisswohnungen verlassen mussten. Er stand mithin zur Verbesserung der Gesamtsituation auf dem Berliner Wohnungsmarkt nicht zur Verfügung. Eine Ausweitung der Bautätigkeit zur Befriedigung der Nachfrage nach Wohnraum war insoweit nicht möglich, als öffentliche Institutionen und Organisationen eine rege Bautätigkeit entfalteten und daher freie Baukapazitäten nicht zur Verfügung standen.

Die Umgestaltung Berlins stand im Vordergrund, die Befriedigung der Nachfrage nach Wohnraum offensichtlich nicht. Die überaus zahlreichen Festlegungen von Bereichen, man möchte eher von zahllosen Entmietungen und Umsiedlungen sprechen, sollen an dieser Stelle nicht wiederholend beschrieben werden. Grundsätzliche und ausführliche Darstellungen dazu finden sich bei Reichhardt, Schäche[145] und Willems.[146]

In der ersten Durchführungsverordnung zur Neugestaltung der Reichshauptstadt bezeichnete der Präsident der Durchführungsstelle, Ernst Zörner, als erste zu lösende Aufgabe die Räumung von Kleingärtengelände und die Ersatzbeschaffung von Land für die Kleingärtner. Diese Räumung wurde nötig, weil das Gelände für »(…) z.B. Reichsbahnanlagen, Wohnungsbauten, öffentliche Bauten usw.« benötigt wurde.[147] Dazu wurde ein Fristenplan aufgestellt. Immerhin wurde den Kleingärtnern noch gestattet, ihre Ernte einzubringen.

Die 2., ebenfalls von Zörner unterzeichnete und am 30. Juni 1938 in Kraft gesetzte Durchführungsverordnung, beschrieb einleitend die von Hitler angeordneten Maßnahmen für die Neugestaltung Berlins. Für diese beabsichtigte Neugestaltung mussten

Reichsgesetzblatt

Teil I

1938	Ausgegeben zu Berlin, den 17. Juni 1938	Nr. 93

Tag	Inhalt	Seite
16. 6. 38	Zweite Verordnung zur Ausführung des Erlasses über einen Generalbauinspektor für die Reichshauptstadt	635
16. 6. 38	**Gesetz zur Änderung des Gesetzes über Arbeitsvermittlung und Arbeitslosenversicherung**	636
30. 5. 38	Weitere Bestimmungen über die Berechnung des wöchentlichen Arbeitsverdienstes in der Invalidenversicherung	636
4. 6. 38	Verordnung über die Gliederung der Reichsfinanzverwaltung im Lande Österreich	637
15. 6. 38	Verordnung zur Ausführung der Verordnung über die Schädlingsbekämpfung mit hochgiftigen Stoffen	637
17. 6. 38	Verordnung über die Übernahme des österreichischen Patentamts und des österreichischen Patentgerichtshofs auf das Reich	638

38 I 635
1055
40 I 1388
aufgehoben

Zweite Verordnung zur Ausführung des Erlasses über einen Generalbauinspektor für die Reichshauptstadt*).

Vom 16. Juni 1938.

Gemäß § 6 des Erlasses über einen Generalbauinspektor für die Reichshauptstadt wird zur Ausführung des Erlasses vom 30. Januar 1937 (Reichsgesetzbl. I S. 103) hiermit verordnet:

§ 1

Zur Durchführung der von dem Generalbauinspektor für die Reichshauptstadt angeordneten Maßnahmen wird eine Verwaltungsstelle des Reiches errichtet. Sie hat ihren Sitz in Berlin und führt die Bezeichnung:

„Durchführungsstelle für die Neugestaltung der Reichshauptstadt".

Der Leiter der Durchführungsstelle, der die Bezeichnung Präsident führt, wird auf Vorschlag des Generalbauinspektors vom Führer und Reichskanzler bestellt.

§ 2

(1) Die Durchführungsstelle führt die ihr vom Generalbauinspektor im Rahmen der baulichen Neugestaltung der Reichshauptstadt auf dem Gebiete der Verwaltung, der Finanzen und der Bauausführungen zugewiesenen Aufgaben im Auftrage des Generalbauinspektors und nach seinen Weisungen durch.

(2) Der Leiter der Durchführungsstelle wird ermächtigt, die zur Durchführung notwendigen Maßnahmen und Anordnungen — soweit erforderlich im Einvernehmen mit den beteiligten Stellen — zu treffen.

(3) Veröffentlichungen erfolgen im Reichsministerialblatt.

(4) Die Durchführungsstelle verwaltet die ihr vom Führer und Reichskanzler für die Neugestaltung der Reichshauptstadt zur Verfügung gestellten Haushaltmittel.

§ 3

Der Durchführungsstelle stehen die Behörden des Reiches, des Landes Preußen und der Reichshauptstadt zur Verfügung. Sie kann sich insbesondere von allen Dienststellen des Reiches, des Landes Preußen, der Reichshauptstadt und von den Dienststellen der Partei, ihrer Gliederungen und der angeschlossenen Verbände die erforderlichen Auskünfte über die Durchführung von Bauvorhaben geben lassen.

---

*) Betrifft nicht das Land Österreich.

Reichsgesetzblatt von 1938

Gebäude abgerissen werden, deren Abbruch unter bestimmten Voraussetzungen genehmigungspflichtig war. Die Genehmigung wurde aufgrund eines entsprechenden Antrages erteilt, der auch zu stellen war, soweit es sich um Wohnräume handelte, die für andere Zwecke und Institutionen beansprucht wurden, die also dem Wohnungsmarkt dann nicht mehr zur Verfügung standen.

Die 3. Durchführungsverordnung zur Neugestaltung der Reichshauptstadt, in diesem Falle auch gültig für München, regelte die Veränderung von Mietbedingungen für ehemals von Juden bewohnten Wohnraum.[148] Diese drei Verordnungen schafften wesentliche Voraussetzungen und Grundlagen für die Beschaffung von Immobilien als Grundlagen für die Neugestaltung Berlins zu Lasten jüdischer Mieter und Immobilieneigentümer. Anders verhielt es sich mit »arischen« Mietern. Diesen wurde Ersatzwohnraum beschafft.

Um einen Eindruck von dem Umfang des geplanten Vorhabens, der Neugestaltung Berlins, zu gewinnen, reicht ein Blick auf die Anzahl der Anordnungen, die im Reichsgesetzblatt, Teil I, in den Jahren von 1937-1942 veröffentlicht wurden. Es handelte sich dabei um die stattliche Anzahl von insgesamt 109 Anordnungen.

Das verstärkte Arbeitsaufkommen der Durchführungsstelle spiegelt sich auch in der Entwicklung der Organisationspläne der Durchführungsstelle wider. Der vermutlich zu Beginn der Arbeit dieser Stelle im Jahre 1938 noch sehr einfache, man könnte sagen primitiv handschriftlich auf einen DIN-A3 Bogen sehr grob gezeichnete Plan zeigt zunächst einen Verwaltungsüberbau. Dieser Verwaltungsüberbau besteht aus dem Präsidenten der Durchführungsstelle Zörner, seinem Stellvertreter Clahes und darunter angesiedelt die Verwaltung mit ihrem Leiter Hille. Darunter finden sich in horizontaler Anordnung die Abteilungen II bis IV: Die Abteilung II, Rechtsabteilung, Leiter: Clahes; die Abteilung III Technische Abteilung, Leiter: Hoffmann; die Abteilung IV, Abteilung »Große Halle«, Leiter: Wilhelmi.

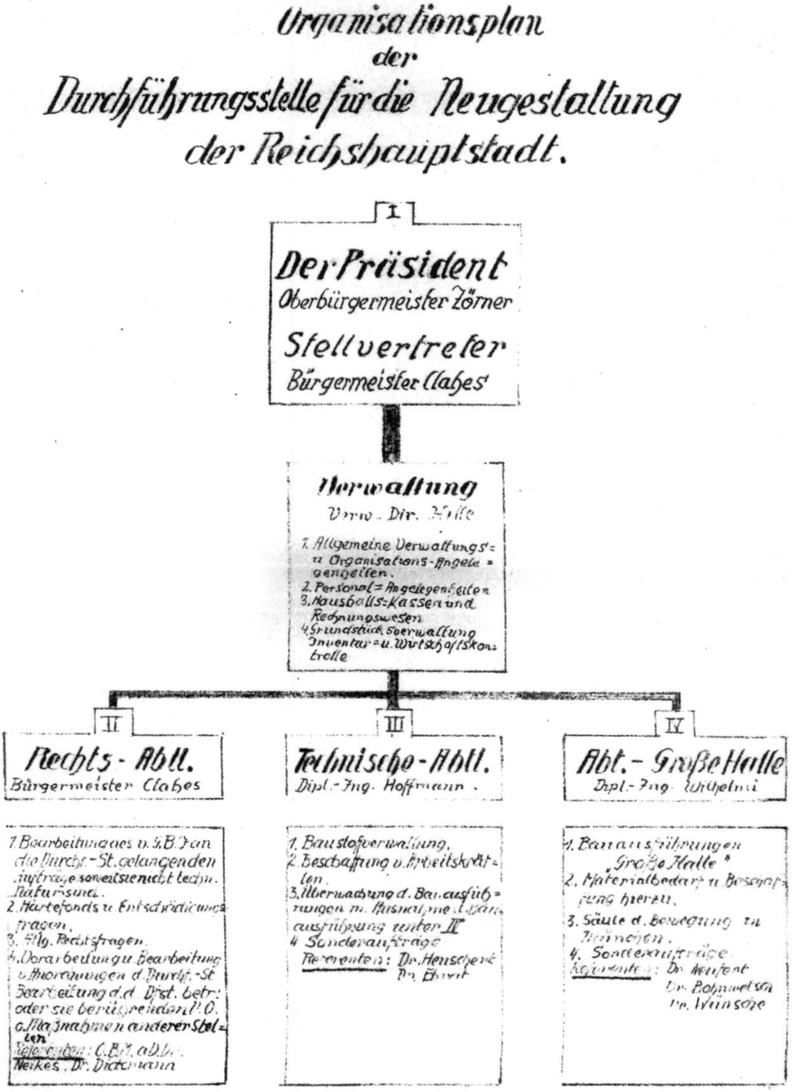

Skizze des Organisationsplans, Verfasser unbekannt,
vermutlich 1938 erste Jahreshälfte
(vgl. auch den Organisationsplan der GBI im Klappeninnenteil)

Nur wenige Zeit später, vermutlich im Jahre 1939 nach Zörners Weggang nach Polen wurde die Durchführungsstelle in das Hauptamt Verwaltung und Wirtschaft eingegliedert und damit Hettlage unterstellt. Unterhalb des Hauptamtes sind die beiden Vizepräsidenten Clahes und Fränk, die sich gegenseitig vertreten, angesiedelt. Deutlich wird anhand dieses Organisationsplans, dass Clahes für die Arbeiterstadt »Große Halle« verantwortlich war und ihm die Hauptabteilungen II,3, die Rechtsabteilung und die Abteilung II,4, Wohnungsfragen, unterstanden. Da sich die beiden Vizepräsidenten gegenseitig vertraten, sind auch die Zuständigkeiten des zweiten Vizepräsidenten Fränk von Bedeutung: Ihm unterstanden die Abteilungen II,5; II,6, Kontingentsverwaltung; II,7, Freigabe von Bauvorhaben.

Eine Bewertung des Organisationsplans ergibt, dass Clahes über alle Zuständigkeiten verfügte und alle Zugriffsmöglichkeiten besaß, die im Zusammenhang mit der Entmietung und Entsiedelung von Bedeutung waren.

Der Ruf nach Berlin

Er sei einem Ruf nach Berlin gefolgt, weil die Verhältnisse in Braunschweig unerträglich und gefährlich für ihn geworden seien, so ließ sich Clahes in seiner Erwiderung auf die Klageschrift des öffentlichen Anklägers bei der Spruchkammer in Bremen ein. (Kap. »Entnazifizierung«) Man mag dieser Aussage glauben, tut aber gut daran, berechtigte Zweifel zu äußern. Nach seinem Weggang aus Braunschweig und der Berufung zum Vizepräsidenten der Durchführungsstelle bat Clahes um Entlassung aus dem Amt des Bürgermeisters und unterzeichnete das Gesuch nicht nur mit der im 3. Reich üblichen und geforderten Grußformel, sondern setzte unter die Formel noch ein handschriftlich eingefügtes »Ihr ergebener«.[149]

Dem Wechsel von Braunschweig nach Berlin ging ein kurzer Briefwechsel voraus: Am 19. Mai 1938 übersandte der Reichs- und Preußische Minister des Innern dem Braunschweigischen Minister des Innern zur weiteren Veranlassung einen Schnellbrief, dem ein Schreiben des Generalbauinspektors beigefügt war, mit dem Clahes und zwei weitere Kommunalbeamte der Stadt Dresden, Verwaltungsdirektor Arno Hille und Stadtinspektor Willi Glimme, namentlich angefordert wurden. Zörner forderte über den Generalbauinspektor für die Arbeit in der Durchführungsstelle Leute seines Vertrauens an, wobei zu bemerken ist, dass er Clahes, den er am längsten kannte, zu seinem Vertreter bestellte, was sicherlich mit Speers Billigung geschah. In dem Schreiben wird gefordert, »wenn Sie die zur Beurlaubung notwendigen Schritte mit größter Beschleunigung von dort aus veranlassen würden«.[150] Bereits am selben Tag, dem 24. Mai, signalisierte Braunschweigs Oberbürgermeister Hesse seine Zustimmung. Allerdings wurde die Abordnung erst mit Datum vom 10. Juni 1938 wirksam, da Clahes sich im Erholungsurlaub befand.

Die Anforderung von Clahes kam mit hoher Wahrscheinlichkeit auf Vorschlag Zörners zustande, der Clahes aus Kindertagen und vom gemeinsamen Schulbesuch bis Obersekunda kannte und der wie er im 1. Weltkrieg demselben Regiment angehörte. Clahes sollte sich für ein halbes Jahr aus dem braunschweigischen Staatsdienst beurlauben und nach Berlin abordnen lassen. Er wurde vom 10.06.1938 an unter Fortfall seiner Bezüge beurlaubt und unter Beibehaltung seiner Amtsbezeichnung »Bürgermeister« an die GBI abgeordnet. Er willigte zunächst in eine auf drei Monate befristete Abordnung ein, mit der Option, auf seinen Dienstposten als Bürgermeister nach Braunschweig zurückkehren zu können. Am 22.08.1938 bat er um Verlängerung der Abordnung, die dann bis zum 10.12.1938 befristet wurde. Anzunehmen ist, selbst wenn es an keiner Stelle belegt und damit nicht nachweisbar ist, dass Clahes das erste Vierteljahr seiner Abordnung in die Generalbauinspektion überwiegend beobachtend verbrachte und der das Risiko Scheuende und auf Sicherheit Bedachte erst nach der von ihm selbst beantragten Verlängerung der Abordnung in dem Bewusstsein, dort Fuß fassen zu können, vom Beobachter zum leitenden Beamten mutierte. Eine Verifizierung dieser Annahme ist aufgrund der vorliegenden Fakten nicht möglich, aber doch denkbar, entspricht sie doch seinem Verhalten während der Braunschweiger Zeit. Und träfe sie zu, ergäbe sie ein Mosaiksteinchen zum Verständnis des Charakterbildes dieses Mannes.

Während der Abordnung muss die Entscheidung gefallen sein, Clahes in den Reichsdienst zu übernehmen. Dies geht aus einem Schreiben Speers vom 22. November 1938 an den Braunschweiger Oberbürgermeister Dr. Hesse hervor. Speer bat um Verlängerung der Abordnung, da die Übernahmeverhandlungen aus Etatgründen sich bis zum 31. März 1939 verzögerten und bis zum Ende der Beurlaubungszeit nicht abgeschlossen werden könnten. Auch solle »(…) keine Unterbrechung der erworbenen Beamtenrechte des Herrn Clahes eintreten (…)«. Innerhalb von drei Tagen antwortete Hesse auf das Ansinnen Speers und verlängerte die Abordnung bis zum 31. März 1939, aber nicht ohne missmutig zu verlangen, die Abordnung möglichst schnell in eine Übernahme umzuwandeln, »(…) da es vom dienstlichen Standpunkt nicht unbedenklich ist, daß die Stelle des Bürgermeisters in Braunschweig praktisch nicht besetzt ist«.[151] Die Entscheidung Hesses, die Beurlaubung um ein Vierteljahr zu verlängern, war nach Maßgabe der »Verordnung zur Durchführung des Deutschen Beamtengesetzes vom 29. Juni 1937« nicht statthaft. Eine über sechs Monate hinausgehende Beurlaubung vom Hauptamt war grundsätzlich nicht zu gestatten, es sei denn, die oberste Dienstbehörde erteilte eine Ausnahmegenehmigung.[152] Die Willfährigkeit, mit der innerhalb kürzester Zeit auf Speers Ansinnen eingegangen wurde, dürfte also als ein Hinweis auf die inzwischen bedeutsame Machtstellung Speers gesehen werden.

Von Bedeutung ist zunächst der Beginn der Verstrickung von Clahes in die verbrecherischen Aktivitäten gegen jüdische Mieter und Immobilienbesitzer. Wie manch anderer Täter im Dritten Reich begann Clahes seine Karriere in der neuen Dienststelle in kleinen Schritten: Er nahm zunächst unter Beibehaltung seiner bisherigen Amtsbezeichnung »Bürgermeister« als Protokollant an Besprechungen teil, war dann tätig bei der Abwicklung von Grundstücksverlagerungen zugunsten der Reichsbahn, des Bauwerks »T«[153] zu Lasten der Kleingärtner, die dem Belastungskörper weichen mussten. Er war befasst mit der Problematik der Mietpreisbildung, der Lösung von Schwierigkeiten bei der Unterbringung sog. Abrissmieter und der Schaffung von Ersatzraum für Einzelhändler und Handelsbetriebe, die im Zuge der Neugestaltung Berlins ihre angestammten Grundstücke verlassen mussten.

Zwei Tage vor seiner Ernennung zum Vizepräsidenten der Durchführungsstelle in der GBI am 1. April 1939, die auf Vorschlag Zörners erfolgt,[154] bat Clahes in Braunschweig um seine Entlassung als Bürgermeister. Auch an dieser Stelle bietet sich ein Hinweis auf das Entnazifizierungsverfahren bereits an, dem sich Clahes in Bremen unterzog. In der Erwiderung auf die Klageschrift hatte Clahes ausgeführt, dass er als Beamter unter Verzicht auf seine Pensionsansprüche in Braunschweig ausgeschieden und in der Generalbauinspektion als leitender Angestellter tätig gewesen sei.[155] Es handelt sich dabei um eine wenig glaubhafte Einlassung, wenn man sich das bereits zitierte Schreiben Speers vor Augen führt.

Clahes Zuständigkeiten waren klar geregelt: Glaubt man seinen Bekundungen, dann hatte er in der Generalbauinspektion die Position eines Abteilungsleiters inne, der für soziale und Rechtsfragen zuständig war.[156] Mit dieser Aussage spielte er seine Position in der GBI zur bedeutungslosen Harmlosigkeit herunter.

In Wirklichkeit waren es nicht irgendwelche belanglosen sozialen und Rechtsfragen, für die er verantwortlich zeichnete, die mag es sicher auch gegeben haben, insbesondere nachdem die Arbeit der Durchführungsstelle 1942 beendet worden war, sondern er war Stellvertreter des Präsidenten der Durchführungsstelle.[157] Seine Stellung in der Generalbauinspektion ähnelte im Prinzip der in Braunschweig aufgegebenen des Bürgermeisters. Für Rechtsfragen, um welche es sich dabei auch immer handelte, war Clahes neben Dr. Fränk,[158] gleichfalls Vizepräsident der Durchführungsstelle, zuständig. Zörner war gelernter Kaufmann, aber kein Jurist. Seiner Position entsprechend war Clahes auf Anordnung Zörners über alle wichtigen Vorgänge in der Durchführungsstelle zu unterrichten. Und als Zörner 1939 die Durchführungsstellte verließ, um zu seinem Freund Hans Frank, dem Generalgouverneur für das besetzte Polen, nach Krakau zu wechseln, übernahm der Leiter des Hauptamtes II, Hettlage, auch die Position des Leiters der Durchführungsstelle. Clahes war in seiner Funktion als Vizepräsident gleichzeitig auch Vertreter des zweiten Präsidenten der Durchführungsstelle, Dr. Fränk.[159] Zu seinem Ressort gehörten die Bereiche Wohnungswirtschaft, der Härtefonds das Referat für Sonderaufträge. Unterstellt waren ihm weiterhin die Hauptabteilungen I, Bauleitung »Große Halle«, die in sechs Abteilungen untergliedert war, sowie die Hauptabteilung II, in die das für die Entmietung zuständige Rechtsreferat eingegliedert war.

In seinem Geschäftsbereich entfaltete Clahes eine rege Tätigkeit. Deutlich wird das u.a. mit Blick auf die bereits genannten in den Reichsgesetzblättern I der Jahre 1937-1942 veröffentlichten Anordnungen. Es gab derer 109, von denen 59, also mehr als die Hälfte, in die Amtszeit Clahes' fielen. Dies wird deutlich in dem Resumee, das er bei Schließung der Umsiedlungsstelle für den Zeitraum vom 1.2.1939 bis zum 15.11.1942 zieht: Es seien 23.765 jüdische Wohnungen und 75.000 Personen erfasst und umgesiedelt worden.

Die Neugestaltung Berlins erforderte außerordentlich umfangreiche Planungen, die hier nicht weiter im Einzelnen noch allgemein beschrieben werden sollen. Immer wieder taucht sein Name auf, daneben die von Fiedler, Fränk, Hettlage,[160] Rönneburg und Zörner in zahlreichen Fußnoten und Anmerkungen bei Willems. Diesen Fällen soll im Einzelnen nicht nachgegangen werden, vielmehr sollen zum Einen Handlungsweise und Tätigkeiten und damit auch die Verantwortung von Willi Clahes pars pro toto an einigen Beispielen belegt werden. Man kann, wenn man sich mit Clahes beschäftigt, allerdings nicht vollständig auf die Darstellung des planerischen Vorgehens verzichten, das im Wesentlichen die Entmietung von Häusern und Wohnungen zum Ziel hatte und dessen Auswirkungen, die in der Vertreibung und Vernichtung ihrer jüdischen Bewohner bestanden. Die Einzelbeispiele sind mit Blick auf das Entnazifizierungsverfahren und die Frage nach der Strafwürdigkeit von Bedeutung, selbst dann, wenn Clahes das Ende seines Spruchkammerverfahrens nicht erlebt hat. Der Lebensweg des Willi Clahes steht stellvertretend für viele andere, die nicht bereit waren, ihre Verantwortung anzunehmen, für ihre Handlungen einzustehen und die durch die Spruchkammerverfahren, obwohl Täter, glänzend exculpiert wurden.

Gesetzliche Grundlagen und Voraussetzungen der Entmietung

Schon lange vor dem Jahre ihrer sog. Machtergreifung hatten die Nationalsozialisten aus ihrer antisemitischen Haltung keinen Hehl gemacht. Nach 1933 steigerten sich die Repressalien gegen Juden, bis sie 1935, am 15.9.1935, im Reichsbürgergesetz einen ersten Höhepunkt fanden. Dort wurde in §2, Abs. 1 geregelt: »Reichsbürger ist nur der Staatsangehörige deutschen oder artverwandten Blutes, (...)«.[161] Und in dem am selben Tag herausgegebenen »Gesetz zum Schutze des deutschen Blutes und der deutschen Ehre« wird in §2 die Eheschließung zwischen Juden und Deutschen verboten.[162] Einen Monat später erließ die Reichsregierung eine »Erste Verordnung zum Reichsbürgergesetz vom 14. November 1935«, in der sie den Juden die politischen Rechte und die Berechtigung, öffentliche Ämter zu bekleiden, entzog (§3). Außerdem wurde Juden die Staatsbürgerschaft entzogen.[163] In den Jahren 1938 und 1939 wurde den Juden die Möglichkeit der Berufsausübung und damit die Existenzgrundlage genommen. Die Sachverzeichnisse der Reichsgesetzblätter für die Jahre 1938/39 weisen insgesamt 110 Eintragungen von Berufen aus, deren Ausübung Juden nunmehr verboten war.

1939 trat eine weitere Verschlechterung der Situation auf dem Wohnungsmarkt ein: Mit dem »Gesetz über die Freizügigkeit des Mietverhältnisses mit Juden« wurden Mieter- und Kündigungsschutz stark verschlechtert: Nichtjüdische Vermieter konnten einem jüdischen Mieter kündigen, soweit sie einen Nachweis für dessen Unterbringung beibringen konnten.[164] Lockerung des Mieterschutzes (§2) erlaubte sogar die Anwendung der gesetzlichen Kündigungsfrist, auch wenn für die Wohnung eine bestimmte oder längere als die gesetzliche Kündigungsfrist vereinbart war. §4 regelte die zwangsweise Unterbringung jüdischer Familien in Wohnungen, die von Juden angemietet waren. Juden durften über die Vermietung eigenen Wohnraums nicht entscheiden (§5).

Und soweit der jüdische Mieter zur Räumung verurteilt worden war, stand ihm eine Räumungsfrist nur ausnahmsweise unter ganz bestimmten Voraussetzungen zu (§9). Außerdem wurde eine »Allgemeine Anmeldepflicht« für Räume, die von Juden bewohnt oder die für die Unterbringung von Juden in Frage kamen, gesetzlich verfügt.

Nur drei Tage nach dem Novemberpogrom, der sog. Reichskristallnacht von 1938, erließ Göring in seiner Eigenschaft als Beauftragter für den Vierjahresplan unter Bezugnahme auf die »Verordnung zur Durchführung des Vierjahresplans vom 18. Oktober 1938«[165] eine »Verordnung über eine Sühneleistung der Juden deutscher Staatsangehörigkeit«. Bemerkenswert war nicht nur die Höhe der Kontributionszahlung (§1) von 1 Mrd. RM, zu der die Juden wegen der Schäden verurteilt wurden, die sie nicht angerichtet hatten. Mindestens genau so bemerkenswert war, dass von »Juden deutscher Staatsangehörigkeit« die Rede war, denen man aber doch bereits 1935 die Staatsbürgerschaft entzogen hatte. Jüdische Gewerbebetriebe und Wohnungen, die durch den Pogrom beschädigt oder verwüstet waren, hatten die Besitzer auf eigene Kosten wieder herzurichten.[166] Damit war das Instrumentarium geschaffen, das für die Arbeit des Generalbauinspektors und seiner Abteilungen für den Zugriff auf jüdische Immobilien und Wohnungen Grundlage und Voraussetzung war. Es handelte sich um Maßnahmen in aufsteigender Linie. Nach Aberkennung der Staatsbürgerschaft wäre ein Aufenthalt im Deutschen Reich unter sicherlich erschwerten Bedingungen noch möglich gewesen. Das Verbot der Eheschließung bedeutete dann die Abkehr vom Gleichwertigkeits- und Gleichberechtigungsgrundsatz. Hinzu traten die Einschränkung der Residenzmöglichkeit, der Freizügigkeit und des Rechts auf Eigentum an Immobilien. Schließlich folgte das Verbot der freien Berufsausübung.

Die Auferlegung einer Strafe in Höhe von 1 Milliarde Reichsmark, die auferlegte Übernahme aller Reparaturkosten für die Schäden, die durch den Pogrom entstanden waren, sowie die Schließung aller jüdischen Geschäfte führte zu einer Stärkung Speers und dessen Kompetenzen und damit auch zu einer Machterweiterung von Clahes. Denn die Generalbauinspektion erhielt das Vorkaufsrecht für Immobilien, Läden und Speicher aus jüdischem Besitz. Damit war die Berechtigung verbunden, über Vermietung und Verpachtung zu entscheiden. Seit dem Pogrom vom 9. November 1938 waren die Behandlung, der Ton und die Verhaltensweise gegenüber den Juden rücksichtslos geworden. Juden waren, der Terminologie entsprechend, schutzlos. Ungeniert war von »Judenwohnungen« die Rede.

Anzunehmen ist, dass Clahes bereits als Stadtrat und dann als Bürgermeister in seiner Tätigkeit als Braunschweigischer Beamter die genannten Gesetze und Verordnungen kannte und sie, soweit sie für die Kommune Braunschweig anzuwenden waren, auch ausführte. Insoweit betrat er in Berlin kein Neuland.

Besprechungen in der Dienststelle des Generalbauinspektors

Grundlagen und Voraussetzung waren neben dem Reichsbürgergesetz,[167] den schon genannten drei Durchführungsverordnungen, erlassen vom Präsidenten der Durchführungsstelle, Zörner, auch Besprechungen in der Generalbauinspektion mit Vertretern der zu beteiligenden Institutionen. Für die sog. Abrissmieter, deren Wohnungen und Häuser für die Neuplanung Berlins weichen mussten, musste Ersatzwohnraum geschaffen werden. Da die Finanzierung dieses neu zu errichtenden Wohnraums offensichtlich starke Probleme bereitete, kam es zu einer Besprechung des Generalbauinspektors mit dem Planungsamt der Reichshauptstadt. In dieser Besprechung am 14. Sept. 1938, also noch vor der Pogromnacht vom 9. November 1938, entwickelte Speer einen Plan, der die Problemlösung bringen sollte: Die für die Ersatzbeschaffung erforderlichen (Groß-)Wohnungen jüdischer Eigentümer oder Mieter sollten durch »zwangsweise Ausmietungen« beschafft werden. Die Auszumietenden, man könnte besser sagen, die aus ihren Wohnungen und Häusern Vertriebenen, sollten in zu erbauenden Kleinwohnungen untergebracht werden, »am besten in einem geschlossenen Block«. Zur Durchführung dieses Vorhabens erteilte Speer den Auftrag, eine Statistik für Großwohnungen anzulegen. Bis zu einer endgültigen Entscheidung durch Hitler sollte der Vorschlag streng vertraulich behandelt werden. In den folgenden Wochen folgten zahlreiche Repressalien. Tausende polnischer Juden wurden aus Berlin ausgewiesen, Berufsverbote wurden erteilt und eine Polizeiverordnung zum Auftreten in der Öffentlichkeit wurde erlassen. Die Mobilität der Juden wurde u.a. dadurch eingeschränkt, dass ihre Führerscheine für ungültig erklärt wurden. Daneben stellte die sog. Ausmietung, nichts weiter als eine Vertreibung, einen eklatanten Rechtsbruch dar, da intakte Verträge einfach gebrochen wurden.

Am 15. September 1938 verfasste Dr. Petrick,[168] Leiter des Stadtplanungsamtes der Stadt Berlin, eine Niederschrift über eine Besprechung beim GBI, an der neben Speer und anderen Mitarbeitern seiner Dienststelle und der Stadt auch Clahes teilnahm, damals noch als Bürgermeister (Bgm) geführt. Von Bedeutung dürfte der Punkt 2 dieser Besprechung gewesen sein: Speer unterbreitete den Vorschlag, die in Folge der Räumung von Wohnungen »erforderlichen Großwohnungen« durch zwangsweise Ausmietung von Juden freizumachen. Der nur wenige Wochen später stattfindende Pogrom ermöglichte es Speer, sich in den Besitz zahlreicher Wohnungen und Geschäftslokale zu setzen, da Tausende jüdischer Mitbürger Deutschland verließen. Nach dem 9. November 1938, dem Novemberpogrom, nahmen die Aktionen und Maßnahmen gegen Juden an Stärke zu. Am 5. Juli 1940 führte Clahes zur Ersatzwohnungsfrage (Begriff im Original unterstrichen, Anm. d. Verf.) aus, dass »durch Sondermaßnahmen das Kontingent an Judenwohnungen auf ca. 22.000 erhöht wird, da im 1. Jahr der Tätigkeit kaum Wohnungen für die sog. Abrissmieter zur Verfügung stehen«. In Einzelfällen konnten Judenwohnungen in kleine Büros umgewandelt werden.[169]

Am 17. Mai 1939 fand in Gegenwart des Präsidenten der Durchführungsstelle, Zörner, sowie dessen Stellvertreter Clahes, inzwischen Vizepräsident dieser Abteilung, eine Besprechung statt. Thema dieser Besprechung: »Aktion zur zwangsweisen Räumung der Judenwohnungen in arischem Hausbesitz«.[170] Das Ergebnis dieser Besprechung war eine Richtlinie, die sieben Punkte enthielt. Eine Judenkartei sollte angelegt werden, die die jüdischen Mieter in arischem Hausbesitz erfasste (P.2). Dazu sollte eine Statistik angelegt werden, die diese Wohnungen nach Bezirken, Größe und Mietkosten erfasste (Pkte. 2a,b).

Hauswirte sollten die »notwendigen Judenwohnungen (…) im Einvernehmen mit dem OB kündigen«. Der Nachweis der zu kündigenden Wohnungen wurde bezirksweise durch die Abt. II,4 geführt (und war damit in der Verantwortung von Clahes; Anm. d. Verf.) (P.4).

Der Ortsgruppenleiter hatte die Aufgabe, Druck auf die arischen Hauswirte auszuüben, damit die Kündigungen rechtzeitig durchgeführt werden konnten (P.5). Erfahrungsgemäß verstrich zwischen Kündigung, Räumung und Bezug der zur Verfügung gestellten Ersatzwohnung ein nicht unerheblicher Zeitraum. Der GBI hatte die Entscheidungsgewalt, welche Bezirke »völlig judenfrei zu machen sind.« Sollten Großwohnungen nicht für Abrissmieter benötigt werden, so konnten sie Parteigenossen zur Verfügung gestellt werden. Das bedeutete, dass man Wohnungen durchaus beim Generalinspektor bestellen konnte. Aber auch in diesem Falle entschied der Generalbauinspektor, also Speer. Allerdings »(...) wurde nur ein verschwindend geringer Teil der zwangsgeräumten Wohnungen den Ausgebombten« übergeben.[171]

Für die Durchführung der Aktion zeichnete der Präsident der Durchführungsstelle verantwortlich, also als zuständiger Leiter der Abt. II, 4 Clahes. Unterschrieben wurde das Protokoll dieser Besprechung von Clahes und Batzer, Referent in der Abt. II, 4.

Interpretiert man die Vereinbarungen, die im Verlaufe der Sitzung getroffen wurden, so muss man feststellen, dass diese mit Ausnahme der Punkte 1 und 2 ungesetzlich waren. Über die Ethik dieses Verfahrens hätte man streiten können. Absolut illegitim waren die folgenden Punkte, die der Exmittierung und Entsiedelung der Juden dienten. Punkt 3 forderte die »Kündigung der notwendigen Judenwohnungen« und stellte damit rechtlich einwandfreie bestehende Mietverträge nicht nur in Frage, sondern annullierte sie. Ebenso wurde unter Punkt 4 ein ungesetzlicher Eingriff geplant, der eher und richtiger als Außerkraftsetzung der Verfügungsgewalt und damit Beschneidung des Eigentumsrechts zu sehen ist: »Ausübung von Druck auf die Hauswirte (...), daß diese ihren Mietern rechtzeitig kündigen«.

In einer weiteren Besprechung am 28. September,[172] die in den Diensträumen des Generalbauinspektors stattfand und von Clahes geleitet wurde und an der Vertreter des Hauptplanungs- und Hauptliegenschaftsamtes der Stadt Berlin teilnahmen, ging es um die Verwertung des Leerraums an Wohnungen in Berlin. Dabei ging es auch und selbstverständlich um die sog. Judenwohnungen. Deren Entmietung stockte, wie im Protokoll der Besprechung vermerkt wurde. Zwei Hinderungsgründe erschwerten die Aktion: Die »außenpolitischen Verhältnisse«, womit wohl der 1. September 1939 gemeint war sowie die Mieterschutzvereinbarungen vom 6. September 1939.

Deutlich wurde darauf hingewiesen – und das ist im Zusammenhang der Fragestellung von wesentlicher Bedeutung – dass die Steuerung »des zur Zeit vorhandenen Leerraumes« von der »Weisung des Generalbauinspektors abhängig ist«[173] (Protokoll, S.2).

Die ersten Bombenangriffe auf Berlin führten allerdings zu einer Einstellung der Neuplanungen, da man der Berliner Bevölkerung kaum den Abriss weiterer Wohnungen begründen konnte, wenn ohnehin knapper Wohnraum durch Luftangriffe zerstört wurde.

Am 28. Januar 1941 kam es zu einer Besprechung über die »Räumung der im Bereich gelegenen Abrisswohnungen«. Teilnehmer waren Hettlage, Chef des Hauptamtes, sein Vertreter Clahes, Schmidt von der Wohnungsabteilung des GBI sowie Mietzner, Leiter der Räumungsabteilung. Neben diesen waren anwesend Vertreter der Stadt Berlin, des Haus- und Grundbesitzervereins und ein Vertreter der Gauleitung. Wesentlich bemerkenswerter und von großer Bedeutung war die Anwesenheit jeweils zweier Vertreter des Reichsicherheitshauptamtes und der Polizei als Teilnehmer.

Im Wesentlichen, so zeigte sich bei dieser Besprechung, ging es um die Räumung von Wohnungen in bestimmten Bereichen zu einem festen Termin in enger Abstimmung und Zusammenarbeit mit der SS. Hettlage eröffnete die Besprechung mit dem Hinweis auf einen Führerbefehl, nach dem »kurzfristig Katastrophenwohnungen bereitgestellt werden müssen«.[174] Clahes erläuterte die Verfahrensweise bei der Räumungsaktion. Hettlage erkundigte sich – und das ist für die Frage des Schuldigwerdens insbesondere bei Clahes von Wichtigkeit –, ob die SS in der Lage sei, 100 Wohnungen innerhalb von 14 Tagen zu räumen. »Die SS erhält für die

Räumung der betreffenden Judenwohnungen eine Liste (...). Die SS ist der Meinung, dass sie den Räumungstermin einhalten kann. Schmidt von der Wohnungsabteilung soll der SS die Namen der Speditionsfirmen sowie die mit ihnen getroffenen Verträge (übergeben)«. »Juden«, so Clahes, »sollen nur noch in Judenhäusern untergebracht werden. Zu diesem Zweck erhält die SS von der Wohnungsabteilung eine entsprechende Liste«.

Eine weitere Besprechung fand am 20. März 1941 in den Räumen des Reichspropagandaministeriums statt. Anwesend waren der Staatssekretär im Propagandaministerium Gutterer, Adolf Eichmann, Leiter des sog. Judenreferats im RSHA, und ein Vertreter des Generalbauinspektors. Dabei dürfte es sich, wie Matthias Schmidt vermutet,[175] um Clahes gehandelt haben.[176] Goebbels hatte anlässlich eines Mittagessens bei Hitler erfahren, dass sich in Berlin noch 60 bis 70.000 Juden aufhielten und man war der Auffassung, dass diese Zahl zu hoch sei. Ein Vorschlag zur »Umsiedlung«, da war sich Goebbels sicher, würde das Einverständnis Hitlers finden. Mit der Ausarbeitung eines Planes für die Evakuierung wurde Eichmann beauftragt. Clahes vermutlich führte aus, dass in Berlin noch immer 20.000 Wohnungen in jüdischem Besitz seien.[177] Damit kündigte er indirekt die Möglichkeit weiterer »Entmietungen an«.

Am 13. August 1941, so berichtete Wolters, Chronist der Speerdienststellen, habe Speer, »seine leitenden ‚Bürokraten' Professor Hettlage, Professor Brugmann, Vizepräsident Fränk und Clahes sowie den Personalchef Behrend zu einer Besprechung gebeten, in der er (...) den Herren seine neuen Ansichten mitteilte. Herr Speer verlangte eine Verselbständigung der Abteilungen unter eigener Verantwortung. Er stellte die Richtlinie auf, daß diejenigen Aufgabengebiete, die nicht unbedingt vom Hauptchef persönlich erledigt werden müssen, mit Rücksicht auf den geringen Umfang, auf den Umfang der Bedeutung der Angelegenheit auf den Abteilungsleiter übergehen sollen«. (Alle Namen im Original im Sperrdruck, Anm. d. Verf.) Anzunehmen ist, dass damit auch das Referat II, 4 eine Verselbstständigung erfuhr und Clahes damit auch eine Erweiterung seiner Entscheidungskompetenz. Im Anschluss an die Besprechung, so vermerkt es die Chronik, fand bei Horcher, einem Berliner Nobelrestaurant, ein «Begräbnisessen« statt, in dessen Verlauf Hettlage eine »bemerkenswerte Rede« hielt. Deren Verlauf und Inhalt ist nicht überliefert. Lediglich Vermutungen wären möglich: Sicherlich gab er ein Resumee der erledigten und der geplanten Aufgaben und Unternehmungen. Clahes äußerte sich nicht. Von den Beteiligten der Sitzung muss dann eine Art Beschluss gefasst worden sein, den heiligen »Bürokratius« zu Grabe zu tragen. Ein Unterfangen, das in seiner realen Sinnbildlichkeit vor dem Hintergrund der Judenverfolgungen und des nunmehr bereits zwei Jahre währenden Weltkrieges an Geschmacklosigkeit nicht zu überbieten war, zeugte es doch außerdem von charakterlicher Unbekümmertheit und Robustheit gegenüber der Realität. Im Anschluss überreichte er Speer »(...) einen kleinen Holzsarg, in dem sich der ‚Bürokratius' persönlich, angetan mit einer Geschäftsordnung des Generalbauinspektors befand. Herr Speer ordnete an, daß dieser Sarg im Dienstzimmer von Professor Hettlage Aufstellung finden sollte«.[178]

Abermals bietet sich an dieser Stelle der Hinweis auf die Nähe von Speer und Clahes an, auf die an späterer Stelle im Kapitel »Der tüchtige Jurist« noch einzugehen sein wird,[179] der vom Chronisten Wolters als einer der leitenden und daher aus objektiver Sicht verantwortlicher Bürokrat zu bezeichnen ist. Und abermals muss an die zahlreichen Schriftstücke und Besprechungen erinnert werden, die Clahes verfasste und an denen er teilnahm.

Ein Antragsformular, das ausweislich der vorgedruckten Jahreszahl »4« seit vermutlich 1940 in Gebrauch war, zeigt die Vorgehensweise bei der Entmietung, aber auch gleichzeitig die Täterschaft Clahes' bei der Räumung von Wohnungen und Häusern. Arische und jüdische Mieter wurden entmietet. Arische Mieter oder Untermieter konnten mithilfe des Antrags auf »Entmietung einer Wohnung« eine Judenwohnung »ermieten«. Genehmigungen wurden von Clahes erteilt, der für »Judenwohnungen ohne Tausch« sowie »Judenwohnungen mit Tausch« unterschriftsberechtigt war.[180]

Entmietungsmaßnahmen

Der jüdische Friedhof in Spandau

Selbst vor den Toten machte man nicht Halt, sie blieben von den Räumungsaktionen ebenso wenig verschont wie die Lebenden. Am 8. Juli 1938 legte Dr. Dickmann, Leiter des Referats II, 1, zuständig für allgemeine Rechtsfragen und Bereichsräumungen, einen Aktenvermerk an. Dieser Aktenvermerk wurde Clahes am 11. Juli 1938 zur Kenntnis gegeben und von diesem abgezeichnet. Demnach hatte ein Hauptmann Rittgen vom Oberkommando der Wehrmacht (OKW) angefragt, ob nicht aufgrund der 3. Durchführungsverordnung der jüdische Friedhof auf dem Gelände des Heereszeugamts Spandau aufgehoben werden könne, da dieser Bereich für den Mobilmachungsfall dringend gebraucht werde. Auf ein entsprechendes Gesetz könne man nicht warten, »(...) zumal in dem Gesetz über die Aufhebung von Friedhöfen längere Übergangsfristen von 20 und mehr Jahren vorgesehen sind«.[181] Man hatte es, so könnte man sagen, eilig.

Was mit den Toten geschehen sollte, darüber findet sich in der Anfrage, die einem Antrag gleichkommt, kein Hinweis. Ob die Toten umgebettet werden oder ob der Friedhof einfach dem Boden gleichgemacht werden sollte, blieb offen.

Dem Vermerk ist zu entnehmen, dass Zörner und Dr. Fränk bereit waren, diesem Antrag zu entsprechen. Eine auszustellende Bereichserklärung sowie eine Anordnung des Polizeipräsidenten von Berlin reichten offensichtlich für die umgehende Aufhebung des Friedhofs aus, ohne auf Liegezeiten Rücksicht nehmen zu müssen. Man benötigte vonseiten des Antragstellers, dem OKW, lediglich einen begründeten Antrag sowie einen Lageplan mit Angaben über die Größe des Friedhofs.

Das Bavaria-Haus

Auch die Allianz-Versicherung, schon vor der Nazizeit ein bedeutender Versicherungskonzern, wollte von der Arisierung profitieren.

Sie beabsichtigte, das in jüdischem Besitz befindliche Bavaria-Haus zu erwerben.

Allerdings ergaben sich gegen den Erwerb dieser Immobilie ernsthafte Bedenken. So teilte der Ratsherr Karl Protze, Vorsitzender der Arbeitsgemeinschaft zur Förderung der Berliner Innenstadt e.V. dem Generalbauinspektor z.Hd. Clahes mit, dass die Allianz neben dem Haus in der Mohrenstraße nun auch das Haus Friedrichstraße 180/Ecke Taubenstraße 11-13, eben das genannte Bavaria-Haus, erwerben wolle. Das Haus solle abgerissen werden. In einem zweiseitigen Schreiben erhob Protze Bedenken gegen die Bauplanung der Allianz, die in ihrer Planung weder auf die Einbeziehung eines Filmtheaters noch auf die dort bisher bestehenden Einzelhandelsgeschäfte Rücksicht nehmen wollte.[182] Diesem Widerspruch schloss sich die Wirtschaftliche Beratungsstelle bei der Wirtschaftskammer am 14.12.1940 an. In beiden Schreiben finden sich – man muss fast schon sagen natürlich – keine Hinweise zur Arisierung. Diese Maßnahme stellte nichts weiter dar als eine Verdrängung jüdischer Eigentümer, um mit wenig Geld deren Besitz zu erwerben.

Da das Zwangsversteigerungsverfahren gescheitert war, kam es zum Enteignungsverfahren.

Der Verlag Liebmann

Der »sehr geehrte Herr Dr. Rosenthal«[183] erhielt mit Datum vom 30. April 1940 die fristgerechte Kündigung für seine im Objekt Potsdamer Str. 131 gelegene Wohnung. Von der Immobilienverwaltung erfuhr der jüdische Arzt Rosenthal, dass einer der ältesten Mieter des Hauses einen dringenden größeren Raumbedarf habe.

Nur sehr wenig später, am 17. Mai 1940 unterschrieb Clahes die »Freigabe einer Judenwohnung-Zweckentfremdung« zugunsten der C.H. Beck'schen Verlagsbuchhandlung und zuungunsten des Mieters: »Jude Dr. Rosenthal«. Dem Bezirksbürgermeister von Schöneberg teilte Clahes mit, dass die Wohnung wegen ihrer Größe und des hohen Mietpreises in Büros umgewandelt werden könne.[184] Da sich die Transaktion schwierig gestaltete, kam es lediglich zu einer mündlichen Absprache über den Mietvertrag mit dem Verlag C.H. Beck. Mit Wirkung vom 1. August 1942 wurde die Wohnung beschlagnahmt.

Die Enteignung und Übereignung der Wohnung ist in zweifacher Hinsicht bemerkenswert. Zum einen ist auch hier Clahes, wie in zahllosen anderen Fällen auch, in die Sache involviert, zum anderen profitierte einer der ältesten deutschen Verlage von der Arisierung. Während der Recherche zu diesem Text erschien am 22. Dezember 2013 im Feuilleton der FAZ ein Artikel von Anna Prizkau mit der Überschrift »Deutsche Brüder«. Der Untertitel lautete: »Es geht um die Nazivergangenheit des Hauses«. Der Artikel leistet eher eine Beschreibung der unterschiedlichen oder doch auch gleichen Wesenszüge der beiden Brüder. Als Hinweis auf die Zeit im 3. Reich findet sich lediglich der Kauf des Verlages Liebmann durch Heinrich Beck. Er erwarb den Verlag, der juristische Literatur verlegte, zum Preise von 250.000 RM. Durch den Erwerb wurde C.H. Beck zum größten und sicher auch bedeutendsten Verleger für juristische Literatur auf dem europäischen Markt.

Otto Liebmann, am 24. April 1865 in Mainz als Sohn eines Getreidehändlers geboren, gründete am 1. Januar 1890 einen Verlag, der sich zunächst mit militärhistorischen und nationalistischen Schriften beschäftigte und später rechtswissenschaftliche Literatur verlegte. Es kam zur Gründung so bedeutender Publikationen, wie im Jahre 1896 »Deutsche Juristenzeitung« (DJZ). Im Auftrage des Reichsjustizministeriums erschien »Die Vergleichende Darstellung des Deutschen und Ausländischen Strafrechts«. Andere Publikationen folgten. Um nur einige wenige zu nennen: »Die Deutsche Strafrechtzeitung«, »Deutsches Wohnungsarchiv«, die Sammlung »Deutsche Finanz- und Steuergesetze« sowie auch zahlreiche Festschriften. Für seine verlegerische Tätigkeit erhielt Liebmann 1908 die juristische Ehrendoktorwürde der Universität Heidelberg, 1930 das Ehrendoktorat der Staatswissenschaften der Universität Gießen. Liebmann war kein Befürworter des Parteienstaates, wie es die Weimarer Republik war. Seine Tragik war, dass er ein Anhänger des Führerstaates war. Daher begrüßte er in der DJZ ausdrücklich die Machtübernahme durch die Nationalsozialisten und veröffentlichte zunehmend Publikationen nationalsozialistischer Juristen. In diesem Zusammenhang ist auch der bis 1937 führende nationalsozialistische Jurist und Staatsrechtler Carl Schmitt zu nennen, der 1934, nach dem Rücktritt Liebmanns am 15. Dezember 1933 als Verleger, Herausgeber und Schriftleiter, Herausgeber der DJZ wurde.[185] Die Verlagsbuchhandlung ging in den Besitz von Heinrich Beck über.

Verkaufsgrund war die jüdische Herkunft Liebmanns und sicherlich auch der Umstand, dass im Zusammenhang mit der sog. Machtergreifung Übergriffe stattfanden, die toleriert wurden und schließlich die Gesetzgebung, die den jüdischen Mitbürgern das Leben erschwerte. Liebmann bot mehreren Verlegern sein Unternehmen an, die aber wegen zu hoher Forderungen ablehnten, so dass schließlich Beck den Verlag zu einem sehr moderaten Preis von 200.000 RM, zahlbar in vier Raten erwerben konnte.

Es ist durchaus zu vermuten, dass Liebmann zu dem Verkauf »gedrängt und genötigt«[186] wurde. Die »Arisierung« wäre unter einer demokratischen Regierung undenkbar gewesen. Bereits mit dem Verlauf des Jahres 1933 wurde die Berufsausübung für jüdische Mitbürger eingeschränkt bzw. vernichtet. Für den Verleger Liebmann geschah dies mit dem Schriftleitergesetz vom 4. Oktober 1933, gem. §5. Beck war Profiteur der nationalsozialistischen Herrschaft und deren Gesetze. Selbstverständlich handelte er auch aus ökonomischem Interesse. Es klingt wie eine Binsenwahrheit und ist auch eine solche: Er hätte den Kauf auch unterlassen und den Verlag auch so übernehmen können.

Nach der sog. Arisierung des Verlags Liebermann verfügten die Nationalsozialisten über ein bekanntes auf dem Markt eingeführtes Unternehmen. Denn Beck verlegte auch die NS-Gesetzestexte und Publikationen nationalsozialistischer Schriftsteller. Rebenich hat in seiner Publikation über den Verlag C.H. Beck ausgeführt: »Der Aufstieg von C.H. Beck zu einem juristischen Ausnahmeverlag im 20. Jahrhundert war, (...) auch ein Ergebnis des Regiments nationalsozialistischer Barbarei«.[187]

Die Überführung des Verlages in die Hände Becks verlangte auch die Anwesenheit mindestens eines Vertreters des in München ansässigen Verlages in Berlin. Demzufolge war die von Clahes vorgenommene Freigabe einer Judenwohnung nichts weiter als eine logische Konsequenz der Arisierung des Liebmann-Verlags.

Kaiserdamm 34

Im September 1941 wünschte die Continentale Öl AG, ein Unternehmen von kriegswichtiger Bedeutung, die Entmietung des Hauses Kaiserdamm 34 durchzuführen. Da die Entmietung noch nicht abgeschlossen war, denn die Eigentümerin hatte noch keine passende Ersatzwohnung erhalten, bat das Vorstandsmitglied Blessing[188] den Generalbauinspektor um Unterstützung bei der Beschaffung einer Ersatzwohnung. Der Leiter des Hauptamtes II, Wirtschaft und Verwaltung, Hettlage, sagte dem Unternehmen die gesamte Ersatzraumbeschaffung zu. Die in diesem Zusammenhang übersandte Liste erwies sich jedoch als überholt, die darauf verzeichneten Wohnungen waren bereits vergeben. Inzwischen hatte sich die Continentale selbst um Wohnraum bemüht und eine jüdische Wohnung gefunden. Diese war aber für die Aufnahme mehrerer jüdischer Familien vorgesehen.

Karl Blessing, der spätere Bundesbankpräsident, wandte sich daher am 28. November 1941 unter Zuhilfenahme eines privaten Briefbogens direkt an Hettlage. Der Brief traf am 2. Dezember 1941 in Hettlages Dienststelle ein und wurde von ihm und Clahes abgezeichnet. Innerhalb von 14 Tagen, am 16.12.1941, erteilte die Abt. II, 4 der Continentale das Einverständnis zur Entmietung. Die Wohnung des Dr. Eichengrün wurde geräumt.[189]

Lichtensteinallee 3 und 3a

Am 6. Juni fragte der Miteigentümer des Hauses Lichtensteinallee 3a, Fritz Schachtel, bei dem Vizepräsidenten Dr. Fränk (Schachtel schreibt fälschlicherweise: Dr. Frenk, Anm. d. Verf.) an, ob von Seiten der Generalbauinspektion Enteignungspläne bestünden, da man beabsichtige, das Haus zu verkaufen.[190] Fränk teilte Schachtel mit, dass das Haus »(...) nach dem gegenwärtigen Stand meiner Planung nicht benötigt wird«.[191] Der Stand der Planung änderte sich jedoch, wie aus einem am 5. November 1940 angelegten, von Hettlage paraphierten und von Clahes gegengezeichneten Vermerk ersichtlich ist, Dort heißt es: »Herr Professor Speer bittet, die Häuser Lichtensteinallee 3 und 3a zu erwerben. In diesen Häusern soll sein Büro untergebracht werden. Der Führer beabsichtigt, die Kosten des Erwerbs zu übernehmen.(…)«,[192] eine in der Tat generöse Geste Hitlers.

In der Chronik der Generalbauinspektion vom 16. Januar 1941 liest sich dieser Sachverhalt ein wenig anders, vor allem dringlicher: »Herr Speer ordnete den Ankauf des Grundstücks Lichtensteinallee 3/3a an. Die Gebäude werden nach einem Umbau das Büro Lindenallee aufnehmen«.[193] Was den Erwerb des Grundstücks anging, so erwies sich Speer als ungeduldig, denn am 27. November 1940 fragte er vom Obersalzberg per Fernschreiben an: »Was macht die Aktion der 1000 Judenwohnungen? Besonders Räumung Lichtensteinallee?[194]

An den Oberbürgermeister der Stadt Berlin, Hauptliegenschaftsamt, erging die Bitte, die Grundstücke für das Deutsche Reich (vertreten durch die Generalbauinspektion) treuhänderisch zu erwerben. Gemeint war hier offensichtlich der fiduzarische[195] Erwerb, da Speer offensichtlich nicht als Käufer auftreten wollte. Offenbar war die Stadtverwaltung Berlin unsicher, welche Auskünfte sie hinsichtlich der Räumung erteilen konnte. Speer war in dieser Hinsicht ebenfalls sehr vorsichtig und verfügte, dass zunächst das Objekt erworben und sodann der nötige Ersatzraum beschafft werden solle. Nach Abschluss dieser Maßnahmen sollte die Räumung vonstatten gehen.[196]

Genehmigung zur Ermietung einer Wohnung.

Der...

beantragt die Genehmigung zur Ermietung einer Judenwohnung
Tauschwohnung.

Er wünscht: m.Zthzg. und bietet: mit Zthzg.
m.Ofenhzg. mit Ofenhzg.

Tausch mit -ohne- Verlust.

Er ist arischer Untermieter mit eigenem Haushalt in bisheriger Judenwohnung.

Er soll erhalten:.....Zimmer, Ofenhzg. .....Zimmer als Untermieter
Zthzg.

-Judenwohnung, -Tauschwohnung- nur folgende Wohnung..............

..................(schwer verwendbar, weil.......................)

Unterschrift des Sachbearbeiters:

....

Einverstanden:

Berlin, den..............194 ....

Unterschriftsberechtigt:

Judenwohnung ohne Tausch: Vizepräsident Clahes

Judenwohnung mit Tausch: Vizepräsident Clahes, falls kein Verlust, Hauptabteilungsleiter.

Tauschwohnung: Hauptabteilungsleiter

Juden-oder Tauschwohnung an Untermieter: Hauptabteilungsleiter.

Freigabe nur durch Hauptabteilungsleiter.

Entmietungsformular um 1940

Am 23. Dezember 1940 wandte sich der Eigentümer des Hauses Lichtensteinallee 3, der Firmeninhaber Rudolph Hertzog, auf einem Geschäftspapierbogen an den »Herrn Vizepräsidenten Clahes, Bauabteilung Speer«, mit der Bitte, sich dort zu einer Unterredung einfinden zu dürfen. Grund der gewünschten Unterredung war die Bereichserklärung für den Bereich 12, die das Stadtliegenschaftsamt der Stadt Berlin übersandt hatte. Clahes zeichnete den Eingang dieses Schreibens am 23. Dezember 1940 ab.[197] Am 23. Januar 1941 sprach Hertzog (im Original fälschlich: Herzog; Anm. d. Verf.) bei Fiedler, dem zuständigen Sachbearbeiter, in der Generalbauinspektion vor. Hertzog wünschte den Zeitpunkt der Räumung zu erfahren, der von Fiedler auf den 1. April 1940, aber spätestens auf den 1. Juli 1941 festgesetzt wurde. Von größerer Bedeutung war allerdings der von Clahes auf dem gleichen Papier unterzeichnete Vermerk vom 27. Januar 1941, dass für 12 Mieter geeignete Judenwohnungen ermittelt werden müssten.[198]

Obwohl die Übereignung der Häuser in der Lichtensteinallee noch nicht abgeschlossen war, schickte Speer am 7. Februar vom Obersalzberg ein Schreiben an den Architekten Böhmer. An diesem Schreiben ist weniger interessant, dass Speer auf seine schwer lesbare Handschrift hinwies und für diesen Fall Hilfe durch Herrn Nagel in Aussicht stellte. Speer wünschte vielmehr »(...) wenn bei der Wohnung noch ein Aufenthaltsraum für Personal und ein Bügelraum im Dachgeschoss gefunden werden könnte«. Unter der Voraussetzung, dass dem Eigentümer und den Mietern der neue Zweck des Hauses bekannt sei, könne das Haus aufgemessen werden. Speer wünschte, »möglichst bald« mit den Umbauarbeiten beginnen zu können und die Baukolonnen nach Fertigstellung der Wohnung des Außenministers beim Umbau der Häuser Lichtensteinallee einzusetzen.[199] Mit Hertzog erzielte man über den Kaufpreis keine Einigung. Dennoch teilte Clahes Speer, der sich auf dem Obersalzberg aufhielt, mit, dass der Kauf kurz vor dem Abschluss stehe. Er stellte Speer die Räumung trotz großer Schwierigkeiten bei der Suche nach Großwohnungen als Ersatzwohnungen für die bisherigen Mieter für den 30. Juni in Aussicht.[200] Clahes fragte am 17. Februar 1941[201] beim Hauptliegenschaftsamt nach, wann mit dem Abschluss des Erwerbs zu rechnen sei. Speer schien auf eine Räumung bis zum 1. Juli zu drängen und Hertzog erhielt von diesem Termin unter Bezugnahme auf sein Schreiben am 20. Februar Kenntnis. Schließlich teilte der Leiter des Hauptliegenschaftsamtes, Dr. Zunft, dem Generalbauinspektor am 17. März in einem 5-seitigen Schreiben die Modalitäten des Erwerbs mit.[202] Nur wenige Tage später, am 20. März, musste Dr. Zunft dem Generalbauinspektor mitteilen, dass die Kaufverhandlungen mit dem Kaufmann Rudolph Hertzog wegen dessen überhöhter Kaufpreisforderungen gescheitert waren. Darauf wurde die Durchführung des Enteignungsverfahrens eingeleitet.[203] Der Enteignungskommissar beim Polizeipräsidenten von Berlin wurde mit gleichem Datum am 20. März mit dem Fall Lichtensteinallee befasst. Danach, so war das Ziel, sollte das Grundstück auf Anordnung des Generalbauinspektors »mit grösstmöglicher Beschleunigung für das Deutsche Reich, vertreten durch den Generalbauinspektor, erworben werden«.[204]

In einem von Fiedler konzipierten, von Clahes unterzeichneten 4 1/2-seitigen Schreiben wurde der Ankauf des Grundstücks geregelt. In einer Abschrift von der beglaubigten Abschrift liegt das Protokoll der Enteignungssache Lichtensteinallee 3 am 21. Mai 1941 vor. Wesentlich war die Entschädigungsfrage zu lösen, bei der eine Einigung nicht erzielt wurde. Der Gesamtforderung des Rudolph Hertzog von 245.000 RM stand das für den Eigentümer inakzeptable Angebot der Stadt Berlin in Höhe von 240.000 RM gegenüber.[205] Einem handschriftlichen Vermerk des Sachbearbeiters beim Generalbauinspektor, Fiedler, vom 2. Dezember 1941, der sich unter dem Enteignungsprotokoll befindet, ist zu entnehmen, dass das Grundstück per Enteignungsbeschluss des Polizeipräsidenten von Berlin mit Wirkung vom 18. November 1941 auf das Deutsche Reich umgeschrieben wurde.[206]

Von Clahes wurden die Kosten für beide Grundstücke mit ca. 600.000 RM veranschlagt. Legt man einen Umrechnungsfaktor von 4,5 für die Verhältnisse der Jahre 1937/38 für die Kaufkraftentwicklung zugrunde, so ergibt sich für die heutige Zeit ein geschätzter Wert von Euro 2.742.000.

Als Bauherr trat nunmehr der Generalbauinspektor für die Reichshauptstadt auf. In diesem Zusammenhang müssen sich Kritiker zu Wort gemeldet haben, die unangenehme Fragen stellten. Daher wurde, evtl. auch prophylaktisch, von Clahes erklärt, dass »der Erwerb der Grundstücke nicht für persönliche, sondern für dienstliche Zwecke des Herrn Professor Speer erfolgte« (10. Juli 1941, B 255). Das aber dürfte, erinnert man sich an das Schreiben vom 7. Februar 1941, in dem Speer darum bat, die Möglichkeit zu prüfen, ob nicht ein Aufenthaltsraum für Personal und ein Bügelraum im Dachgeschoss gefunden werden, d.h. geplant werden könnte, vorgeschoben gewesen sein, um Kritiker zu beruhigen. Clahes half dabei, den tatsächlich gegebenen Sachverhalt zu verschleiern.

Am 22. Dezember richtete Clahes ein Schreiben an die Umsiedlungsabteilung im Hause, in dem die Namen der zu entmietenden Parteien, insgesamt 16, genannt wurden. In zwei Fällen, Dr. Beinhof und Horn, wurde die jüdische Gemeinde Berlin zur teilweisen Übernahme der Kosten herangezogen.[207]

Lange konnte sich Speer an dem Erwerb der Häuser nicht erfreuen, zumal es zu einer Nutzung als Büro oder einer anderen möglicherweise halbprivaten oder ausschließlich privaten Verwendung nicht kam. Aus einem Schreiben an die Bewertungsstelle des Finanzamts Tiergarten geht hervor, dass in dem Umbau der Hauptausschuss Schiffbau sowie ein Teil der Panzerkommission untergebracht wurden (7. September 1943). Beide Häuser brannten am 22. November 1943 als Folge eines Bombenangriffs aus.[208]

Jüdische Immobilien auf Bestellung – Eisenzahnstraße 66

Aus der Masse der entmieteten Wohnungen und Häuser erhielten nicht nur Abrissmieter, sondern nach Beginn der Luftangriffe auf Berlin auch Bombengeschädigte Wohnungen. Außer diesem Kreis wurden auch Behörden und andere Institutionen des Reichs sowie besondere Einzelpersonen und Firmen bedacht, die an den Generalbauinspektor herantraten.

In Sachen Eisenzahnstraße 66 entwickelte sich zwischen der Hansa-Leichtmetall AG und der Dienststelle des Generalbauinspektors ein reger Schriftverkehr. Am 12. September 1941 wandte sich die Hansa-Leichtmetall,[209] eine Firma, deren Gründung vom Reichsluftfahrtministerium initiiert wurde, an den Generalbauinspektor. Das Unternehmen teilte mit, dass die Immobilie Eisenzahnstraße 66 der Hansa-Leichtmetall zur Verfügung gestellt wurde. Da es sich bei der Immobilie aber um ein Wohnhaus handelte, wurde der GBI ersucht, der Umwandlung in ein Bürohaus zuzustimmen, obwohl im Jahre 1941 bereits erheblicher Wohnungsmangel bestand. Das Wohnhaus umfasste ein Hochparterre sowie Stockwerke mit insgesamt 10 Wohnungen. Der Generalbauinspektor wurde ersucht, »(…) daß die von Nichtariern in Anspruch genommenen Räume baldigst frei gemacht werden«. Von dieser Forderung waren sechs Mietparteien betroffen, die namentlich, wie auch die arischen Mieter, in einem Schreiben an den Bezirksbürgermeister von Berlin-Wilmersdorf aufgeführt wurden.[210]

Begründet wurde das Gesuch mit der Notwendigkeit der Zentralisation der Firma an einem Ort. Bislang war die Firma an vier Orten untergebracht, so dass ein geregelter Geschäftsbetrieb unmöglich war. Auf die Geheimhaltung erfordernde Kriegswichtigkeit wurde ausdrücklich hingewiesen, um damit die Dringlichkeit der Anträge zu verdeutlichen. Unterstützt wurde das Gesuch der Firma durch einen vom 15. September 1941 datierten Schnellbrief des Reichsministeriums für Luftfahrt.[211] Dennoch dauerte es bis zum 2. Oktober 1941, bis Clahes das Einverständnis zur Umwandlung übermittelte und damit auch die Inanspruchnahme der bislang von jüdischen Mietern bewohnten Wohnungen genehmigte. Clahes' Schreiben trägt den handschriftlich in Druckschrift zweifach unterstrichenen Vermerk »Geheim«.[212] Dieser Vermerk galt wohl eher nicht der Umwandlung und der Entfernung der Mieter aus ihrem angestammten Wohnhaus und dem Umstand, dass man den knappen Wohnraum zweckentfremdete, sondern vielmehr der Kriegswichtigkeit der Firma. Am 24. Oktober beantragte die Hansa die Räumung der Stockwerke 1 bis 4,[213] abermals mit Hinweis auf die Notwendigkeit eines geordneten Geschäftsablaufs sowie auf das Interesse des Reichsluftfahrtministeriums an einer Lösung im Sinne des Unternehmens.[214] Clahes zeichnete den Eingang dieses Schreibens am 27.10.1941 ab.

Auch Goebbels, der als Gauleiter zu dem Vorgang zu befragen war, erhob unter der Voraussetzung, dass »(...) zwei arischen Familien eine anderweitige und gleichwertige Unterkunft erhalten«, keinerlei Einwände gegen die Umwandlung.[215] Am 17. November 1941 war die Umwandlung noch nicht erfüllt, weshalb man abermals drängte, »(...) die Räumung der 6 Judenwohnungen sowie die anderweitige Unterbringung der beiden arischen Mietparteien in die Wege zu leiten«.[216]

Die Terminologie ist, wie auch in allen anderen bekannten Fällen, an Diskriminierung nicht zu überbieten. Arische Mieter wurden anderweitig in gleichwertigen Wohnungen untergebracht, Judenwohnungen wurden geräumt. Für Clahes waren das geläufige Begriffe, mit denen er als Vizepräsident der Durchführungs- und der Umsiedlungsstelle umging.

Mit Datum vom 8. Januar wurde schließlich die »Freimachung«, d.h. Räumung, von acht Wohnungen angeordnet.[217]

1942 – Ende der Umsiedlungsstelle

Mit dem Datum vom 15. November 1942 endete die Arbeit der Umsiedlungsstelle. Dies wird durch ein Schreiben belegt, das Clahes am 5. November 1942 an den Leiter des Wehrkreisfürsorge- und Versorgungsabteilung im Wehrkreiskommando richtete. Die Vermietung von Judenwohnungen, so führte Clahes in diesem Schreiben aus, werde zum 15. November 1942 an das Hauptliegenschaftsamt der Stadt Berlin abgegeben. Nahezu postwendend bedankte sich der Abteilungsleiter beim Wehrkreiskommando bei Clahes persönlich für die »wohlwollende Unterstützung, die Sie bei der Unterbringung Schwerstversehrter der Stufe II bis IV, der Ritterkreuzträger und der EK1-Träger im Uffz.- und Mannschaftsstand« geleistet haben.[218]

Clahes wurde deswegen nicht arbeitslos. Er war für die Arbeiterstadt »Große Halle«[219] verantwortlich und nunmehr ab 1942 auch für eine Herde von 40 Schafen und die dort betriebene Schweinehaltung.[220] Für 1943 verzeichnet die Chronik eine weitere Besprechung, die zu einer Veränderung im Bereich der Speer'schen Administration führte. Die alten Mitarbeiter Dr. Fränk, Bohr, Clahes, Hettlage und Wolters wurden in das Zentralamt übernommen. Grund waren Spannungen zwischen Speer und Dorsch.[221] Durch diese Mitarbeiter wurde das Zentralamt vergrößert, »(...) damit es seiner Aufgabe der obersten Leitung der OT[222] (...) besser würde gerecht werden können«.[223] Auf die tiefen Differenzen zwischen Speer und Dorsch soll an dieser Stelle nicht eingegangen werden.

Neben dieser sicherlich aus ökonomischen Gesichtspunkten wichtigen Verantwortung hatte Clahes die Aufgabe, sich um strafverschärfende Maßnahmen zu kümmern, um dem sog. Bummelantentum in den Kriegswaffen produzierenden Unternehmen zu begegnen.[224] Speer war offensichtlich der Auffassung, durch Strafandrohungen die Belegschaften zu höherer Leistung motivieren und den Krankenstand reduzieren zu können. Matthias Schmidt hat auf die unrühmliche Position hingewiesen, die Speer auf der Gauleitertagung in Posen am 6. Oktober 1943 einnahm: »Ich bin dankbar, daß auf Veranlassung der Arbeitsfront gerade in diesen Tagen aus den Betrieben weg einige tausend Bummelanten verhaftet werden und in ein Konzentrationslager überführt werden. Ich bin der Meinung, daß diese Bummelanten, (...), hiermit der gerechten Strafe zugeführt werden«.[225] Diese Aufgabe wurde noch im Oktober 1944 um die Verfolgung von Gesetzesverstößen der Mitarbeiter Speers erweitert. Deutlich wird dies aus einem Schreiben Speers an Clahes, in dem er ihn anwies, ein an den Wehrmachtsführungsstab zu richtendes Schreiben zu formulieren. Danach sollten »alle Verfehlungen«, die innerhalb von Speers Entscheidungsbereich bekannt werden, dem Hauptamt im Zentralamt gemeldet werden, »(...) damit ich mich (Speer, Anm. d. Verf.) unmittelbar wegen der strafverschärfenden Maßnahmen mit den zuständigen Kriegsgerichten in Verbindung setzen kann«.[226] Ein aktueller Anlass war gegeben, als Gerhard Degenkolb, Vorsitzender des Hauptausschusses Schienenfahrzeuge und auch über diese Funktion hinaus ein wichtiger Mitarbeiter Speers, alkoholisiert ein Reichsbahnausbesserungswerk besichtigt hatte.[227]

Weiterhin wurde Clahes in diesem Jahr stellvertretender Amtschef des Rüstungslieferungsamtes und in dieser Funktion für die kriegswichtige Produktion von Generatoren zuständig.

Entnazifizierung

Wohnungswechsel, Entnazifizierung und Tod umschreiben den letzten, knapp drei Jahre dauernden Lebensabschnitt des Willi Clahes. Bei seiner Entnazifizierung handelte es sich um kein reguläres, wenn auch ein per Gesetz geregeltes Verfahren, dessen Besonderheit darin begründet war, dass Clahes den Spruch der Kammer nicht erlebte, was einige Vermutungen über die Qualität des Verfahrens und dessen Ausgang möglich werden lässt. Bei einer Fahrt von seinem Wohnsitz Bremen verstarb er am 21. Oktober 1948 im Krankenhaus Hahn in der Nähe von Rastede an den Folgen eines Autounfalls.[228]

Unmittelbar nach Hitlers Selbstmord, aber noch vor der endgültigen Kapitulation am 8. Mai 1945, begann in Bremen am 2. Mai 1945 die Entnazifizierung auf der Grundlage des Gesetzes No. 8 der amerikanischen Militärregierung, angeordnet durch den amerikanischen Oberstleutnant Welker.[229] Zwar bestand 1945 noch bei allen Besatzungsmächten der uneingeschränkte Wille, die restlose Befreiung von Nationalsozialismus und Militarismus zu erreichen. Dazu gehörte die Auflösung der NSDAP, aller ihrer Organisationen, der SA und SS und das Verbot, im Sinne der NSDAP tätig zu werden, sowie die Kassation nationalsozialistischer Gesetze. Kein Parteimitglied sollte im Staatsdienst oder in der Wirtschaft in leitender Position verbleiben, eine Forderung, die auf den erbitterten Widerstand Kaisens[230] und der Leiter der bremischen Behörden stieß. Sie argumentierten, dass dieses Verfahren zum Zusammenbruch des gesamten öffentlichen Lebens führen müsse.[231]

Wie Hesse[232] und Drechsel[233] ausgeführt haben, wurde das Entnazifizierungsverfahren in Bremen wenig konsequent und wenig strukturiert durchgeführt, obwohl klare Ordnungsprinzipien vorgegeben waren. Fast könnte man von einem Eindruck konsequenter Verfahrensverschleppung sprechen. Erst mit dem Jahre 1947 trat mit dem sog. Befreiungsgesetz eine Änderung ein, nach dem jede Bremerin und jeder Bremer einen Fragebogen auszufüllen hatte.[234]

Nach den Antworten auf spezielle Fragen zur politischen Betätigung oder Belastung wurde eine Einstufung in sechs Kategorien vorgenommen:

1. Hauptschuldiger
2. Belasteter
3. Minderbelasteter
4. Mitläufer[235]
5. Entlasteter
6. Unbetroffener[236]

Auf der Grundlage dieses Gesetzes fand in Bremen im September 1947 eine erste Verhandlung statt, der die nächste im November 1947 folgte, was von der zeitlichen Abfolge her auf eine durchaus schleppende Anwendung des Gesetzes schließen lässt.[237] Unstimmigkeiten und Personalveränderungen behinderten und erschwerten offensichtlich die Arbeit und ließen eine konsequente Arbeit nicht zu. Bis zum März 1948 wurden insgesamt 290 Fälle bearbeitet, von 137 als hauptschuldig Angeklagten wurden ganze drei (!) als Hauptschuldige eingestuft, 205 als Mitläufer und Entlastete. Zwei Urteile aus Kategorie 1 erlangten Rechtskraft.[238]

Das mag sicherlich darauf zurückzuführen sein, dass sich im Laufe der Besatzungszeit wie anderswo auch Beziehungen zwischen amerikanischen Offizieren und Nazis gebildet hatten. Man konnte also durchaus von Fraternisation[239] sprechen, die sich darin äußerte, dass die Deutschen mit den amerikanischen Soldaten Kompensations- und Schwarzmarktgeschäfte betrieben. Die Verfahren wurden recht halbherzig durchgeführt. Eine konsequente Anwendung des Gesetzes widersprach den beiderseits vorhandenen Interessen. Nicht zuletzt aber spielte die Notlage der Bevölkerung eine ganz wesentliche Rolle, da man der Arbeit der Entnazifizierungsbehörde eine Teilschuld an der miserablen Versorgungslage zusprach.[240]

Der 1947 stattfindende Personalabbau und die Auflösung der Entnazifizierungsabteilung bei der Bremer Militärregierung im Jahre 1948 konnten nur eine Verfahrensbeschleunigung zur Folge haben, die mit dem Gesetz vom 25. März 1948 geregelt wurde.

Das Ziel war die leichtere Einreihung von Beschuldigten in die Gruppe der Minderbelasteten und Mitläufer und der Verzicht auf Sühnemaßnahmen, wenn der Beschuldigte sich bewährt hatte. Demzufolge wurde das Gesetz No. 8 vom 26. September 1947 aufgehoben. Ursächlich dafür war wohl, dass die Ost-West-Krise in den USA zu einer Meinungsänderung geführt hatte.

Im Sommer 1947 erhielt General Clay den Befehl, »(…) daß die Entnazifizierung mit dem 31. März 1948 zu beenden sei«.[241] Diese Entscheidung, die dem ursprünglichen Ziel, Deutschland von Nationalsozialismus und Militarismus zu befreien, völlig entgegenstand, hatte zur Konsequenz, dass es für 90% der noch nicht abgeschlossenen Verfahren zu einem Pauschal-Urteil kam. Die Betroffenen wurden zu Mitläufern bzw. Entlasteten erklärt. Die ungleich größeren Fälle erhielten mildere Urteile als die Minderbelasteten der Jahre zuvor.[242] Im Jahre 1948 hatten die 17 in Bremen noch bestehenden Spruchkammern insgesamt 1.500 Fälle abzuurteilen. Rein rechnerisch bedeutete das für jede Spruchkammer eine Bearbeitung von ca. 88 Fällen. Dieser Arbeitsanteil stellte für die Spruchkammermitglieder sicher eine überaus starke Arbeitsbelastung dar, da die meisten Mitglieder dieser Kammern über keinerlei juristische Ausbildung verfügten.

Willi Clahes stellte sich seinem Spruchkammerverfahren in Bremen. Frau Clahes war 1943, um den Angriffen auf Berlin zu entgehen, mit ihren beiden Kindern nach Klosterlausnitz/ Thüringen gezogen.[243] Clahes selbst war bis zum 21. April 1945 in Berlin geblieben.[244] Von Mai 1945 bis zum 20. August 1948 lebte die Familie offensichtlich unerkannt und unbehelligt auf Sylt. Wo genau man Wohnung genommen hatte, hat Clahes in dem Fragebogen, der die Grundlage des Verfahrens bildete, angemerkt. Leider aber ist diese Eintragung im Laufe der Jahre offensichtlich noch schwerer lesbar geworden, als sie es an manchen Stellen des Meldebogens war, den Clahes am 25. August 1946 ausgefüllt hat. Ein Nachweis für den Aufenthalt hat sich im Gemeindearchiv Sylt bis jetzt nicht führen lassen.[245]

Am 20. August 1948 verzog die Familie nach Bremen.[246] Zweierlei Gründe mögen hier eine Rolle gespielt haben. Dort lebten Angehörige der Irmgard Clahes, geb. Graalfs. Über weitere Gründe des Umzugs lassen sich Vermutungen anstellen. Sicherlich spielte die Nähe zur Verwandtschaft seiner Frau eine Rolle. Aber genauso wesentlich für die Entscheidung, nach Bremen zu gehen, dürfte der Umstand gewesen sein, dass Bremen inmitten des britischen Besatzungsgebietes eine Enklave bildete, die der amerikanischen Besatzungsmacht unterstand, es hier ein Entnazifizierungsgesetz gab, das von einer eigenständigen Behörde angewandt wurde, die dieses Gesetz recht großzügig auslegte, und dass zudem mit einer baldigen und milden Beendigung der Entnazifizierung zu rechnen war. Voraussetzung für diese Überlegungen Clahes' wäre die Kenntnis der bremischen Verhältnisse im fernen Sylt gewesen, wofür einiges spricht. Mit der Kapitulation und dem Niedergang des Dritten Reiches, so viel ist klar, zerrissen nicht alle Seilschaften, die sich während der 12 Jahre nationalsozialistischer Herrschaft gebildet hatten (s. Kapitel »Persilscheine«).

Unter dem Aktenzeichen 38434/48 (III Sp. B 34/48) wurde Willi Clahes die Klageschrift am 12. Oktober 1948 gegen Rückschein zugestellt und ausweislich des Ablieferungsscheins Nr. 622 von ihm persönlich in Empfang genommen und quittiert.[247] Grundlage der Klageschrift und damit des Verfahrens war der Meldebogen, der von jedem über 18 Jahre alten Einwohner Bremens wahrheitsgemäß unter Strafandrohung für falsche Angaben ausgefüllt werden sollte. Dabei beantwortete Clahes nicht immer alle Fragen wahrheitsgemäß. Der von Clahes ausgefüllte Meldebogen erhielt die Registriernummer C 3863 und wurde in der Dienststelle des Senators für politische Befreiung am 25. August 1948 abgegeben. Der untere Teil des Meldebogens, die Einlieferungsquittung, musste abgetrennt, sorgfältig aufbewahrt und bei der Lebensmittelkartenausgabe vorgelegt werden. Clahes beließ diese Quittung am Fragebogen, was zu der Frage führt, ob das Abtrennen ganz einfach vergessen wurde, ob ein weiterer Fragebogen ausgefüllt wurde oder ob die Familie auf Lebensmittelzuteilungen nicht angewiesen war, aus welchen Gründen auch immer.[248] Allerdings scheint letztere Annahme bei der in Bremen herrschenden wirtschaftlichen Lage eher fraglich.

Nach den Angaben zur Person und der Berufsangabe »Jurist« folgte die Aufzählung der Wohnorte. Die in dem Meldebogen unter Ziffer 1a nach der Parteizugehörigkeit gestellte Frage wurde bejaht, der monatliche Mitgliedsbeitrag mit 2,50 RM angegeben. An seine Mitgliedsnummer (1.356.606) erinnerte sich Clahes nicht (mehr), wohl aber an das genaue Eintrittsdatum. Er gab weiter an, einer Organisation der NSDAP, der N.S.V. (Nationalsozialistische Volkswohlfahrt) von 1934 bis zu seinem Weggang aus Braunschweig, dem 1. Juni 1938, als kommissarischer Kreisamtsleiter angehört zu haben. Von 1934-1945 sei er Mitglied des Rechtswahrerbundes gewesen. Er gab weiter unter den Ziffern 3-5 an, weder Parteiauszeichnungen noch einen Ehrensold (3) erhalten zu haben. Vorteile durch die Mitgliedschaft in der NSDAP habe er auch nicht gehabt (4) und er habe auch keine Zuwendungen geleistet. Die Zugehörigkeit zu Wehrmacht, Polizei, Reichsarbeitsdienst (RAD), Organisation Todt (OT), Transportgruppe Speer und anderen nationalsozialistischen Organisationen wurde verneint (6) wie auch die Zugehörigkeit zu Wirtschaftsorganisationen (7). Zu den Fragen nach Haupttätigkeit und Einkommen gab Clahes an: 1932 (vom 1. Oktober; Anm. d. Verf.) bis 1938 sei er beamteter Stadtrat und 2. Bürgermeister gewesen.

Zu seinem Einkommen machte Clahes keine genauen Angaben. 1932 habe er 10.000 RM, 1933 12.000 RM als beamteter Stadtrat erhalten, für das Jahr 1938 habe sich sein Einkommen als beamteter Stadtrat und Vizepräsident auf ca. 16.000 RM, als Vizepräsident 1943 auf ca. 20.000 RM und 1945 auf ca. 10.000 RM beziffert.

Das in Niebüll und Itzehoe gegen ihn eingeleitete Prüfungsverfahren seien »gegenstandslos« verlaufen. Er selbst stufte sich in diesem Verfahren als »Mitläufer«, also zur Kategorie 4 gehörig ein, änderte diese Beurteilung in der Erwiderung auf die Klageschrift aber in »vollständig Entlasteter« (Bl. 7e).

Unter Ziffer 14 führte er aus: a) Tätigkeit als kommissarischer Kreisamtsleiter (der NSV; Anm. d. Verf.), da ich Sozialdezernent der Stadt Braunschweig war, b) 1938 als Beamter unter Verzicht auf Pension ausgeschieden, daher höheres Gehalt (Lebensversicherung).[249] Auf dem unteren Teil der S. 2 des Meldebogens, unter der Unterschrift Clahes', findet sich ein handschriftlicher Eintrag, wonach Clahes der Anlage A[250] zum Gesetz der Befreiung vom Nationalsozialismus und Militarismus zugeordnet wurde. Diese Eingruppierung findet sich auch in der Klageschrift, die der öffentliche Ankläger der Spruchkammer übersandt hat.

Die Klage gegen Clahes stützte sich im Wesentlichen, offensichtlich unkritisch, d.h. ohne Überprüfung der Angaben, auf 4 Punkte und wurde damit begründet, dass Clahes bereits frühzeitig, 1932, in die NSDAP eingetreten war und dass er ihr bis 1945 angehörte, dass er Mitglied der NSV war und von 1934 bis 1938 kommissarisch die Geschäfte des Kreisamtsleiters führte. Diese Angabe war schlichtweg falsch: Tatsächlich war Clahes Kreisamtsleiter der NSV. Außerdem sei er Mitglied des Rechtswahrerbundes von 1934 bis 1945 gewesen. Der öffentliche Kläger folgte damit den Angaben des Willi Clahes, nahm aber keinerlei Bezug auf die von Clahes zeitlich bezeichnete Tätigkeit beim Generalbauinspektor Speer. Diese Tätigkeit blieb ebenso unberücksichtigt wie auch die spätere im Ministerium Speer ab November 1942.

Der öffentliche Ankläger in Bremen formulierte auf der Grundlage des Meldebogens die Anklage: »Der Betroffene fällt damit unter die in der Anlage zum Gesetz (Gemeint ist das Gesetz zur Befreiung von Nationalsozialismus und Militarismus, Anm. d. Verf.) unter Teil A, Abschnitt D, Klasse II, Ziffer 4[251] sowie unter Teil A,[252] Abschnitt F, Klasse II, Ziffer 2[253] aufgeführten Personen«. Der öffentliche Ankläger beantragte die Ausführung des schriftlichen Verfahrens.[254] Hätten sich besondere Umstände ergeben, hätte Clahes persönlich vor der Spruchkammer erscheinen müssen.

Nach Auffassung des Anklägers war Willi Clahes nach Art. 7, Abs. 1, Ziffer 1 und 3 in »zweifacher Hinsicht Belasteter«. Er wurde den »Aktivisten« zugeordnet. Aktivist ist, »wer seine Stellung oder Tätigkeit die Gewaltherrschaft der NSDAP wesentlich gefördert hatte« und unter 7,I,3, »wer sich als überzeugter Anhänger der nationalsozialistischen Gewaltherrschaft (...) erwiesen hat«. Damit hatte sich der Ankläger der Selbsteinschätzung Clahes', Mitläufer zu sein, nicht angeschlossen.

Willi Clahes wurde mit Datum vom 12.10.1948 aufgefordert, sich zu erklären und schriftlich Entlastungsmaterial einzureichen. Clahes formulierte eine Erwiderung auf die Klageschrift,[255] kam aber nicht mehr dazu, die Reinschrift selbst anzufertigen. Am 20. Oktober 1948 verunglückte er mit dem Auto in Hahn bei Rastede und starb am folgenden Tag in dem dortigen Krankenhaus,[256] ohne das Bewusstsein wiedererlangt zu haben. Unfallursache, Gründe und Ziel dieser Fahrt, die Clahes mit zwei Begleitern angetreten hatte, von denen einer unverletzt blieb, lassen sich nicht mehr ermitteln. Die Unfalltagebücher der zuständigen Polizeistation Rastede sowie die Krankenakten des Krankenhauses Hahn sind leider nicht archiviert worden.

Die Witwe Irmgard Clahes bevollmächtigte[257] einen Verwandten, vermutlich ihren Bruder, Alfredo E. Graalfs aus Bremen, Mendestr. 18,[258] die handschriftlich formulierte Erwiderung ihres verstorbenen Mannes in Schreibmaschinenschrift zu übertragen. Graalfs gab dazu eine eidesstattliche Erklärung ab, nach der er auch prozessualer Bevollmächtigter der Irmgard Clahes war.[259]

In der Akte zum Entnazifizierungsverfahren, in der einzelne Blätter mit Blaustift durchnummeriert sind, umfasst die Erwiderung auf die Klageschrift des öffentlichen Klägers insgesamt 11 Blätter.[260] Sie gliedern sich in die Aufzählung der entlastenden Erklärungen (11), eine Vertretungsvollmacht, ausgestellt von der Witwe Clahes, sowie die Erwiderung auf die Klageschrift, in die Clahes die für ihn entlastenden Aussagen eingearbeitet hatte.

Man wird davon ausgehen können, dass die in relativ kurzer Zeit verfasste Erwiderung auf die Klageschrift von Graalfs wortgetreu in die Reinschrift übertragen wurde. Eine Textanalyse verdeutlicht, wie Clahes als Beschuldigter argumentierte, wie er versuchte, seine Beteiligung am und sein Handeln im Staat Hitlers darzulegen und herunterzuspielen. Die in mancher Hinsicht auffällige wertende Wortwahl und das Verschweigen mancher Umstände und Handlungen lassen in einer abschließenden Wertung Schlüsse auf Person und Charakter zu.

Seine Verteidigungsstrategie war von der Konstruktion her einfach: Sie lässt sich als »Ja-aber-Strategie« bezeichnen: Zugeben, was nicht zu leugnen war, verschweigen und verleugnen, was den Ausgang des Verfahrens negativ beeinflussen könnte oder was zum Zeitpunkt des Verfahrens noch unbekannt war und hervorheben, was man in der eigenen beruflichen Position für Hilfsbedürftige, politisch Andersdenkende und Verfolgte getan hatte. Zu seiner Verteidigung und Verfolgung dieser Strategie führte Clahes, wie schon beschrieben, insgesamt 11 Erklärungen an, von den Ausstellern unterschiedlich als »Bescheinigung«, »eidesstattliche Erklärung«, »Leumundszeugnis« oder in einem Falle auch ohne eine dieser Überschriften bezeichnet, im Volksmund auch »Persilscheine« genannt.

Diese Dokumente zeichnen ein Bild von der Person des Willi Clahes, wie es der jeweilige Aussteller wahrgenommen hatte oder wahrnehmen wollte. Auf sie wird im Folgenden eingegangen.

Persilscheine

Nach Kriegsende geschah das (möglicherweise gegenseitige) Ausstellen von Bescheinigungen nach dem »do-ut-des«-Prinzip: Nur wenn Du mir bescheinigst, was ich wünsche, bekommst Du das, was ich dir bescheinigen soll. Vom Wesen her handelte es sich um sog. Unbedenklichkeitsbescheinigungen oder -erklärungen, die, um ihnen das nötige Gewicht zu geben, an Eides statt abgegeben wurden. Sehr häufig besaßen Flüchtlinge oder Vertriebene nach Flucht und Vertreibung keinerlei Dokumente oder Nachweise über ihr Vermögen oder sonstige Besitztümer. Mit Hilfe dieser Bescheinigungen, die von Bekannten, Freunden oder Verwandten ausgestellt wurden, versuchte man den geforderten Nachweis anzutreten, dass die geäußerten Ansprüche gemäß Lastenausgleichsgesetz rechtens waren. D.h., die Betroffenen mussten Beweise liefern, dass ihre Ansprüche berechtigt waren. Prinzipiell ähnlich verhielt es sich mit den Persilscheinen, die allerdings einen besonderen Stellenwert besaßen. Bereits 1945, kurz nach Kriegsende, wurden sie von Unbeteiligten, aber auch von Betroffenen für nationalsozialistische Funktionäre, Mitglieder von Parteiorganisationen und Angehörige der SA und SS ausgestellt.

Es lassen sich im Wesentlichen drei Kategorien feststellen: Personen, die weder Mitglieder der NSDAP und ihrer Organisationen oder von SA und SS waren, benötigten keinerlei Persilscheine. Rangniedere Parteimitglieder – dabei spielte das Eintrittsdatum eine Rolle – besorgten sich möglicherweise schon prophylaktisch derartige Bescheinigungen. Höhere oder hohe Funktionäre der NSDAP, der Parteiorganisationen, Führungspersonal von SA und SS benötigten unbedingt derartige Scheine, da ihnen vom öffentlichen Ankläger unterstellt wurde, Hauptschuldige oder zumindest Aktivisten gewesen zu sein. Diese Scheine sollten braune Westen weißwaschen und wurden daher auch als Persilscheine bezeichnet. Und an dieser Stelle scheint die Bemerkung gerechtfertigt zu sein: Je mehr Scheine der Betroffene vorweisen konnte, desto höher war der Reinigungsgrad, d.h. die Herabstufung in niedrigere Kategorien der Betroffenheit.

Was geradezu grotesk anmutet, war, dass die Empfänger dieser Scheine oftmals weiterhin von der Rechtmäßigkeit ihres Handelns überzeugt waren. Sie spielten mit Hilfe der Scheine ihre Verantwortung herunter. Sie waren auf derartige Bescheinigungen angewiesen, um harten Sanktionen zu entgehen, im neuen System Fuß fassen zu können und ihre Karriere nach Möglichkeit dort fortzusetzen, wo sie 1945 abgebrochen worden war. So, wie es aussieht, ist dies dem größten Teil dieses Personenkreises wohl auch gelungen. Sie kamen sowohl in der Bundesrepublik wie in der DDR wieder zu Amt und Würden. Es waren nicht immer vom Nationalsozialismus unbetroffene Privatpersonen, die diese Art von Scheinen fertigten. Vielmehr fertigten auch Institutionen wie die beiden Kirchen, sowohl die katholische wie die evangelische, vertreten durch ihre Pastoren und Würdenträger, eine so hohe Anzahl dieser eidesstattlichen Erklärungen aus, dass man wahrlich von einer Persilscheinfabrikation sprechen kann, wenn man sich den Ausführungen von Ernst Klee[261] anschließt. Man bog sich die Unwahrheit zu Wahrheit: »Da wurde auch von Männern und Frauen der Kirche gelogen, dass sich die Balken bogen«.[262]

Neben der Ausstellung und auch Beschaffung falscher Pässe gab es, man kann es nicht anders bezeichnen, auch diözesanflächig ausgestellte Persilscheine. So geschehen durch den Fuldaer Bischof Johann Baptist Dietz, der ausführte: »90 Prozent in Stadt und Land seien ‚ausgesprochene Gegner' der Partei gewesen. Der Beitritt zur Partei sei oft die einzige Möglichkeit gewesen, einflußreiche Stellen nicht völlig in die Hände fanatischer Parteigenossen fallen zu lassen. Darum hätten selbst Geistliche den Beitritt zur Partei angeraten«.[263] Das bedeutete nichts Anderes als die von vielen ehemaligen nationalsozialistischen Würdenträgern geäußerte Entschuldigung: Die Mitwirkung sei das kleinere Übel gewesen, schließlich habe man Schlimmeres verhütet.

Aber nicht nur katholische Priester und Kirchenfürsten in Deutschland formulierten und verbreiteten Erklärungen dieser Art. Besonders rührig war der Rektor des Priesterkollegs »Collegio Teutonico« in Rom, der Titularbischof Hudal.[264] Von einer ganz besonderen Erklärung wird berichtet, Hudal habe sie für einen SS-Obersturmbannführer ausgestellt, weil dieser »Über Auftrag einer Widerstandsbewegung gegen den Terror des NS, besonders Bormanns, in Rom geweilt hat, um mit mir (Hudal, Anm. d. Verf.) jene Richtlinien festzulegen, die zu einer Neuordnung auch auf kirchlich-religiösem Gebiet und besonders einer sofortigen Aufhebung der Rassegesetzgebung den Anstoß geben sollte. Diese Vorbesprechungen hatten das Leben des Dr. Meyer ständig gefährdet (...). Meyer sei jeder Förderung würdig«.[265] Und eben dieser Hudal fertigte auch für den ehemaligen Vizekanzler Franz von Papen eine eidesstattliche Erklärung.

Die Praxis war, wie bereits gesagt, konfessionsübergreifend. Auch die Vertreter der evangelischen Kirche fertigten Persilscheine in hoher Anzahl. Von den zahlreichen dokumentierten Fällen sollen an dieser Stelle pars pro toto die Bischöfe Otto Dibelius und Theophil Wurm genannt werden. Beide waren, wie auch Lammers, Reichsminister und Chef der Reichskanzlei, Mitglieder der antisemitischen DNVP, die Lammers im Jahre 1932 verlassen hatte, um in die NSDAP einzutreten.

Wurm bescheinigte Lammers: »Er habe in ‚kirchlichen Angelegenheiten' eine für die Kirche wohlwollende Stellung eingenommen«. Auch habe Lammers eine gegen ihn, Wurm, gerichtete Anklageschrift des Reichsministers der Justiz, Thierack, zurückgehalten.[266] Auch für andere hochrangige Beamte war die Kirche tätig, so z.B. für den ehemaligen Reichsfinanzminister Lutz Graf von Schwerin von Krosigk und den ehemaligen Staatssekretär im Auswärtigen Amt, Ernst Freiherr von Weizsäcker.[267] Noch einmal muss an dieser Stelle die Feststellung getroffen werden: Nirgendwo wurde mehr gelogen. Und aus welchen Gründen sollten sich Privatpersonen anders verhalten, wenn es doch solche Vorbilder gab.

Auch die Kirchen trugen zur Weißwaschung brauner Westen bei. Das führte zu Verdruss und zur Ablehnung des Verfahrens, ohne das ursprüngliche Ziel, die absolute Entnazifizierung, zu erreichen. Aus diesen Gründen weichte man die Entnazifizierungspraxis auch von offizieller Stelle auf. Die Ära Adenauer, des ersten Kanzlers der Bundesrepublik, ist ein deutlicher Beweis, wenn man an führende Personen und Politiker, wie Filbinger,[268] Kiesinger,[269] Globke,[270] Hettlage, Lübke[271] oder Oberländer[272] denkt. Aber auch andere Personen tauchten wie aus dem Nichts auf, wenn sie nicht mit Hilfe kirchlicher Stellen oder anderer Organisationen, die sie mit falschen Papieren ausstatteten, den Sprung vorwiegend nach Südamerika geschafft hatten. Andere wiederum, die in Deutschland geblieben waren, verlangten nach Wiedereinsetzung in ihre vermeintlich alten Rechte. Über derart prominente Fürsprecher verfügte Willi Clahes nicht.

Die Erwiderung auf die Klageschrift

Gegen die Klageschrift erhob Clahes Einwendungen. Zwar sei er 1932 in die NSDAP eingetreten, auch sei er Mitglied des Rechtswahrerbundes gewesen und sei auch von September 1934 bis zum 1. Juni 1938 kommissarischer Kreisamtsleiter der NSV gewesen, der er bis 1945 angehört habe. Diese Fakten waren für Clahes unstrittig, weil es nichts zu leugnen gab, wobei er seine Tätigkeit in der NSV herunterspielte. Er führt weiter aus, dass er 1932 als Regierungsrat noch Beamter des Landes Braunschweig gewesen sei und die Leitung des Landesjugend- und -fürsorgeamtes innehatte. »Seit 1930 wurde das Land bereits von einer Nazi-Regierung geführt, so dass der Parteieintritt fast nach 2-jähriger Nazi-Regierungszeit erfolgte«.[273] Er sei auch der Auffassung gewesen, dass es den Nationalsozialisten gelingen würde, den »Sozialismus und den Nationalsozialismus ihren Versprechungen gemäß zu verschmelzen und dadurch eine Verbesserung der allgemeinen Lage herbeizuführen«.[274] Als Zeugen für seine Ausführungen führte er den Dr. jur. Semler an, bei dem er 1923 Referendar gewesen war. Die Wortwahl in dieser Passage lässt bereits Absicht und Ziel ahnen, die hinter dieser Klage-Erwiderung zu sehen sind. Die abschätzig klingenden Begriffe »Nazi-Regierung« und »Nazi-Regierungszeit«, sollten den Ankläger wohl auf eine distanzierte Haltung des Schreibers gegenüber seiner früheren Tätigkeit schließen lassen, verdeutlichen aber gleichzeitig, dass Clahes Gesetz und Kommentierung des Entnazifizierungsgesetzes bekannt waren. Eine gegenteilige Auffassung dürfte die Bemerkung bewirken, er sei nach zwei Jahren nationalsozialistischer Herrschaft in die Partei eingetreten.[275] Dies dürfte entweder nach reiflicher Überlegung, aber wohl wegen einer erhofften Karriere geschehen sein, nicht aber unter Zwang, dem er sich ausgesetzt sah. Die Bemerkung, er habe im Sinne der Verknüpfung von Sozialismus und Nationalsozialismus auf eine Verbesserung der Verhältnisse gehofft, war eine häufig vorgetragene Phrase, mit der Sprecher oder Schreiber sagen wollten, man sei einer Täuschung aufgesessen. Allerdings kam das einer Selbstbezichtigung gleich, die wahren Entwicklungen in geradezu mehr als nur naiver Weise übersehen zu haben.

Noch vor 1932 bewarb sich Clahes nach eigenen Aussagen um die Stelle als Sozialdezernent bei der Stadt Braunschweig. Sie wurde ihm »auf Grund meiner beruflichen und sachlichen Befähigung zugesprochen« Nach der Machtübernahme wurde (...) das Sozial- und Fürsorgewesen von der NSV beherrscht. »Ich erhielt daher den Auftrag, beide Ämter in Personalunion zu führen«.[276]

Das Sozial- und Fürsorgewesen wurde nach 1933 von der N.S.V. übernommen. Durch den Kreisleiter und Oberbürgermeister Dr. Hesse habe er den Auftrag erhalten, »beide Ämter in Personalunion zu führen (...)«.[277] Als Zeugen führte er zwei SPD-Mitglieder an, den Direktor Raschen sowie Dr. Otto Antrick. Weiter führte er aus: »Eine endgültige Bestätigung in diesem Amt (ist) durch die Kreisleitung nie erfolgt, weil mein zu diesem Zweck einzureichender Fragebogen nicht lückenlos beigebracht werden konnte, (...)«.[278] Außerdem habe ihm der Kreisleiter nicht vertraut. Er habe bei seiner Tätigkeit für die N.S.V. deutlich erkennen lassen, dass er dem Nationalsozialismus »völlig fern stand«. Diese Aussage war falsch, wie sich später zeigen wird. Für diese Ausführungen brachte Clahes – neben dem bereits genannten Direktor Raschen – noch weitere sechs Zeugen bei:

1. Der Leiter der hamburgischen Kulturabteilung Rudolf Issleib, Mitglied der SPD führte aus, Clahes habe ihn geschützt und habe zu seiner Befreiung aus dem KZ beigetragen. Clahes, so Issleib, »sei von den Gewalttätigkeiten abgerückt«,[279] was darauf schließen lässt, dass sie Clahes bekannt waren.

2. Die Sekretärin des Oberbürgermeisters, Gertrud Diestel, frühere Sekretärin von Clahes, bescheinigte ihrem früheren Chef: »(...) er hat sich nie aktiv oder propagandistisch für die NSDAP eingesetzt und auch nicht einmal den Versuch gemacht, mich für die Partei oder Frauenschaft zu werben (...)«, und sie bescheinigte ihm weiter: »Wiederholt hat er seine Verachtung über die

Massnahmen gegen Juden und Andersdenkende zum Ausdruck gebracht«.[280]

3. Auch Robert Keune, stellvertretender SPD-Vorsitzender in Braunschweig, bescheinigte Clahes, dass dieser sich für ihn in objektiver Weise eingesetzt habe.

4. Dr. jur. Semler, jetzt stellvertretender Oberbürgermeister von Braunschweig, attestierte seinem ehemaligen Referendar, dass er politisch neutral gewesen sei »(…) sich nie politisch irgendwie hervorgetan hätte (…)«.

5. Carl Heimbs, Inhaber der gleichnamigen Kaffeerösterei und Vize-Präsident der Handelskammer Braunschweig führte aus, »(…) daß er (Clahes) stark kritisch eingestellt war und nicht zu den Aktivisten der Partei gehörte. Sein Aufstieg als höherer Verwaltungsbeamter verlief gradlinig ohne Vorteil durch seine Mitgliedschaft zur NSDAP. Dass er nach der Machtübernahme die NSV übernehmen musste, lag daran, dass er hier als der soziale Fachmann galt (...), daß Clahes innerlich den Nationalsozialismus abgelehnt hat«.[281] Das mag so sein, ist aber, mit aller Vorsicht formuliert, wenig glaubhaft. Die in Braunschweig seit 1930 mächtige NSDAP hatte darauf geachtet, nur konforme Beamte einzustellen. Man muss sich daran erinnern, dass Clahes 1932 in die NSDAP eingetreten war. Auch die Tätigkeit in der NSV wird aus diesen Gründen nicht wegen seiner angeblich ausgewiesenen Fachkompetenz erfolgt sein.

6. Dr. Otto Antrick, wissenschaftlicher Assistent an der TU Braunschweig, bestätigte, dass Clahes insbesondere von dem damaligen Oberbürgermeister Hesse mit der Leitung der N.S.V. beauftragt war. Der Umstand, dass das Jugendamt mit der Braunschweiger NSV zusammenarbeitete, bewog Antrick, der NSV beizutreten, deren Mitglied er so lange blieb, wie Clahes als (angeblich) kommissarischer Kreisamtsleiter die Geschäfte führte (1. Juni 1938). Antrick führte aus, dass Clahes uneigennützig einem jeden, der auf Hilfe angewiesen war, diese zuteil werden ließ. Mit Wissen von Clahes habe er noch 1935/36 Spenden an Juden verteilt und

auch Parteifreunde und Angehörige des Reichsbanners unterstützen können. Clahes habe nie eine politische Rolle in der NSDAP gespielt. Auch habe er ihn, Antrick, gegen Angriffe des Ortsgruppenleiters geschützt.[282]

Clahes führte aus, dass seine in den eidesstattlichen Erklärungen bezeugten Tätigkeiten zu Differenzen zwischen ihm und dem Oberbürgermeister Hesse, dessen Stellvertreter er ja war, geführt hätten. Deswegen habe er wegen der Unhaltbarkeit des Verhältnisses beschlossen »(…) einem Ruf nach Berlin zu folgen, als Leiter der Abteilung für soziale und Rechtsfragen beim Generalbauinspektor für die Neugestaltung der Reichshauptstadt«.[283] Dieser Einlassung widerspricht ein Schreiben, das der Oberbürgermeister von Braunschweig, Dr. Hesse, an den »lieben Pg. Clahes« richtete: »Anläßlich Ihres (…) Ausscheidens (…) möchte ich Ihnen für die Stadt Braunschweig und der NSDAP geleisteten Dienste meinen herzlichen Dank aussprechen«.[284] Bis zu dieser Stelle handelte es sich um ein Dankesschreiben, wie man es unverbindlicher nicht formulieren kann. Das änderte sich jedoch mit dem das Schreiben abschließenden letzten Satz: »Ich verbinde damit den Wunsch, daß die in den Jahren des Kampfes und Aufbaues bewährte Kameradschaft zwischen uns beiden auch für die Zukunft erhalten bleiben möge«.[285] Nicht anzunehmen ist, dass Hesse dieses Schreiben aufgrund oder nach Differenzen formuliert hätte. Vermutet werden kann auch, dass Hesse bei der Abfassung des Schreibens die Interessen der Stadt Braunschweig im Auge hatte.

Mit der Wahrheit geht Clahes großzügig um, wie er es auch an späterer Stelle immer wieder tut. Er ließ sich von Braunschweig nach Berlin in die Generalbauinspektion abordnen, nicht für ein halbes Jahr, wie es von der Generalbauinspektion vorgesehen war und der gesetzlichen Grundlage entsprach, sondern auf eigenen Wunsch für ein Vierteljahr. Die Option war, die Abordnung zu verlängern oder nach Braunschweig zurückkehren zu können. Seine Stelle wurde dort freigehalten, was den Oberbürgermeister Hesse zu einem Schreiben an seinen Parteigenossen Speer bewog, die endgültige Übernahme »(...) so schnell wie möglich vorzunehmen (...), da die Stelle des Bürgermeisters in Braunschweig praktisch nicht besetzt ist«.[286]

Auch in Berlin, so führte Clahes aus, habe er mit politischen Aufgaben nichts zu tun gehabt und sei lediglich zahlendes Parteimitglied gewesen. Und im Dezember 1942 sei er »im Zuge des totalen Kriegseinsatzes zur Bearbeitung von Rechts- und allgemeinen Verwaltungsfragen in das Rüstungsministerium abkommandiert« worden.[287]

Weiterhin führte er zu seiner Entlastung aus, dass er »zahlreichen von der Partei Verfolgten Hilfe und Unterstützung« gewährt habe und nennt dabei als ersten den Oberkreisdirektor a.D. Heinrich Rönneburg[288] aus Wolfenbüttel. Obwohl dessen politische Vergangenheit bekannt war, habe er seine Einstellung beim Generalbauinspektor befürwortet. Der frühere Braunschweigische Minister Heinrich Rönneburg, von Clahes als Referent in der Durchführungsstelle eingestellt und nach 1945 CDU-Mitglied, Landrat, danach auch Oberkreisdirektor in Wolfenbüttel sowie Mitglied des Parlamentarischen Rates bis 1949, stellte seinem früheren Chef eine mehr als positive Beurteilung aus: »(...) mich (...) mit gutem Gewissen für ihn einsetzen zu können. Ich glaube, daß man ihm die Gelegenheit zur Mitarbeit im heutigen Staat geben sollte, weil ich ihn für eine wertvolle Persönlichkeit halte«. Clahes habe seine Stellung nie ausgenutzt.[289]

Gertrud Seyferth bescheinigte Clahes, dass er ihren zum Tode verurteilten Sohn gerettet habe.[290] Auch Dr. Wolters,[291] Freund Speers und Chronist der GBI und des Ministeriums und sicherlich mit Clahes bekannt, bescheinigte Clahes an Eides statt, dass er den ihm unbekannten Verlegern Suhrkamp und Wasmuth in einem Hoch- und Landesverratsverfahren geholfen habe.

Hilfe gewährte Clahes auch einer Frau Lampe, deren Sohn in einem KZ umgekommen war.[292] Der Immobilien- und Hypothekenmakler Wilhelm Tatje, zum Zeitpunkt der Ausstellung der eidesstattlichen Erklärung in Bremen wohnhaft, vorher in Berlin-Tegel, bescheinigte Clahes, »(...) die dienstlichen Verordnungen so auszulegen und durchzuführen, wie sie im Interesse des Volksganzen geboten waren«.[293] Die gewählte Formulierung mutet seltsam an. Unklar bleibt, was unter dem »Interesse des Volksganzen« zu verstehen ist. Dies gilt insbesondere vor dem Hintergrund des eben zusammengebrochenen nationalsozialistischen Staats, dem eine recht eigentümliche Definition des Begriffs »Volksganzes« zu eigen war. Tatje sprach von einem zwischen ihm und Clahes bestehenden vertrauensvollen Freundschaftsverhältnis, das offensichtlich kritische Äußerungen zum herrschenden System zuließ: »(...) sondern sich auch seinerseits mir gegenüber sehr oft recht deutlich und drastisch über die (...) unfähigen sogenannten Köpfe der Partei und ihre Massnahmen äußerte«.[294] Eine Besonderheit dieser Erklärung ist zu beachten: Tatje bemerkte ausdrücklich, dass er die eidesstattliche Erklärung freiwillig und unaufgefordert abgegeben habe. Die Freiwilligkeit mag stimmen, aber unaufgefordert? Wer in diesen Jahren eine eidesstattliche Erklärung benötigte, ob nun als Beschuldigter in einem Spruchkammerverfahren oder aber um zur Durchführung des sog. Lastenausgleichsverfahrens seine Besitz- und Vermögensverhältnisse nachzuweisen, der musste, wenn es keinen anderen Weg gab, eidesstattliche Erklärungen vorweisen können. Auf diese Weise konnte er seine Ausführungen oder Ansprüche erhärten. Und die erhielt er eben nur, wenn er Leute ansprach, die bereit waren, solche Erklärungen auszufertigen, also nach Aufforderung.

Clahes selbst schilderte seine Situation mitleiderheischend. Unter Verzicht auf seine hohen Pensionsansprüche, die bereits die Höchstgrenze erreicht hätten, sei er aus dem Braunschweigischen Staatsdienst ausgeschieden, um der für ihn in Braunschweig unhaltbaren Situation zu entgehen. Clahes dürfte es auch hier mit der Wahrheit nicht genau genommen haben. Es gab eindeutige Regelungen zur Ernennung oder Wählbarkeit von Bürgermeistern und Beigeordneten: In »Die Deutsche Gemeindeordnung« vom 30. Januar 1935, veröffentlicht im RGBl I, 1935, 30.01.1935, S. 50

f., heißt es: »Bürgermeister und Beigeordnete werden durch das Vertrauen von Partei und Staat in ihr Amt berufen«[295] (§6, Ziff. 2). Und in §33, Ziff. 1: »Zur Sicherung des Einklangs der Gemeindeverwaltung mit der Partei wirkt der Beauftragte der NSDAP (…) mit (…)«.[296] Seit 1930 im Braunschweigischen Staatsdient und seit 1932 Parteimitglied, genoss Clahes sicher das Vertrauen der Partei und wäre sicher nicht zum Bürgermeister aufgestiegen, wenn von Seiten der Partei Bedenken bestanden hätten, und er hätte sich nicht die Option einer Rückkehr auf den alten Posten ausbedungen. Er sei völlig mittellos und auf die Tätigkeit seiner Frau, die Schneiderarbeiten verrichte angewiesen. Als Kriegsbeschädigter des 1. Weltkrieges könne er keine körperliche Arbeit verrichten.[297] Dass er mittellos gewesen ist, mag stimmen. Aber Clahes war nicht ohne Vermögen. Er hinterließ seiner Frau eine Immobilie im immerhin noblen Wohnviertel Berlin-Zehlendorf-West, die er für seine Familie 1939 hatte erbauen lassen und die seine Witwe 1963 für 63.000 DM veräußerte.[298]

Aufgrund der eidesstattlichen Erklärungen und Bescheinigungen sah sich Clahes nicht als Aktivist und fügte als Begründung hinzu, »(…) daß alle meine Handlungen für mich und meine Familie erhebliche Nachteile zur Folge gehabt hätten«,[299] wenn sie denn öffentlich geworden wären. Als offensichtlich ebenso strafmildernd sah er seine aufrechterhaltene Zugehörigkeit zur evangelischen Kirche und den Umstand, dass er seine Kinder hatte taufen lassen.[300]

Die Tätigkeit für das Gesundheitswesen spielte Clahes herunter und zog dafür den Art. 39, III[301] heran, nach dem die zwangsweise Verpflichtung zur Tätigkeit im Gesundheitswesen nicht als Belastung angesehen wurde. Clahes beklagte sich, dass ihm der Zugang zu den Akten seiner früheren Dienststelle nicht möglich sei, da er nur auf diese Weise die Vielzahl von Fällen, in denen er ähnlich gehandelt habe, belegen könne.[302] Da die Tätigkeit für die NSV also nicht bei der Schuldzumessung berücksichtigt werden könne, bleibe nur die Mitgliedschaft als Gegenstand der Schuldfrage.

Er sei im Amt geblieben und »(…) sei doch stolz darauf, zu meinem kleinen Teil dazu beigetragen zu haben, Unrecht, wo ich es gesehen habe, auszuschalten und Gewalttätigkeiten zu verhindern. Die große Zahl meiner sozialistischen Freunde, die sich mir in dankbarer Anerkennung dessen, was ich früher für sie getan habe, jetzt wieder zur Verfügung stellen, sind mir ein Beweis dafür, dass ich menschlich (Unterstreichung im Text, Anm. d. Verf.) gehandelt habe, auch dort, wo eine solche Handlungsweise für mich mit Gefahr verbunden war«.[303] Pathetischer ließ sich der Kern der sich selbst zugeschriebenen Rolle kaum formulieren. Demzufolge ist der Wunsch Clahes', im Sinne des Sozialismus (womit er vermutlich den neuen Staat meint) erneut Verwendung zu finden, nichts Anderes als die logische Weiterführung des Gedankens, für seine menschliche Hilfe die erhoffte Belohnung zu bekommen. Daher hatte Clahes auch keine Probleme damit, aufgrund seiner dargelegten Haltung und angeblich erlittenen Nachteile die »völlige Entlastung«[304] und damit die Eingruppierung in die Klasse 5, Entlastete, zu beantragen. Ihm genügte es nicht, in die Klasse der »Mitläufer« eingruppiert zu werden, die lediglich nominell am Nationalsozialismus teilgenommen oder ihn nur unwesentlich unterstützt hatten.[305] Es ist schwer, sich zu vergegenwärtigen, dass Clahes, Mitglied der NSDAP und einiger ihrer Organisationen seit 1932, zudem in leitender Stellung in der Generalbauinspektion und ab 1942 im Rüstungsministerium tätig, Anspruch darauf erhob, in die Kategorie der Entlasteten eingruppiert zu werden. Dies bedeutete nichts Anderes, als dass er sich nicht lediglich passiv verhalten hatte, »(…) sondern nach dem Maß seiner Kräfte aktiv Widerstand gegen die nationalsozialistische Gewaltherrschaft geleistet und dadurch Nachteile erlitten hat«.[306]

Damit hatte Clahes' Erwiderung auf die Klageschrift des öffentlichen Anklägers sicher Ähnlichkeit mit zahlreichen anderen Schriften dieser Art. Auch ihnen waren oftmals eidesstattliche Erklärungen oder Bescheinigungen, sog. Persilscheine, beigegeben, mit deren Hilfe die Meldepflichtigen sich von aller Mittäterschaft freizuwaschen versuchten oder aber, wenn das wenig aussichtsreich erschien, weil die Taten doch zu schwer wogen, den Grad der Täterschaft wenigstens zu mindern. Auch Clahes ist hier keine Ausnahme gewesen. Wie sollte er auch, schließlich war er in Braunschweig tätig gewesen, das als erstes nationalsozialistisch regiertes Reichsland durch den dort ausgeübten Terror Aufsehen erregt hatte. Trotz Gewalttaten, Folterungen und Morden war er 1932 in die NSDAP eingetreten. Clahes war in der Generalbauinspektion Speers und in dessen Rüstungsministerium in leitender Stellung tätig gewesen, ob nun als Beamter oder Angestellter ist vollkommen gleichgültig, Umstände, die den öffentlichen Ankläger zu subtilerer Tätigkeit hätten veranlassen müssen, wären denn Art, Umfang und die Bedeutung der Tätigkeiten von Clahes bekannt gewesen. Er hat sog. eidesstattliche Erklärungen beigebracht, die ihm von verschiedenen und unterschiedlichen Personen ausgestellt wurden. Diese eidesstattlichen Erklärungen, als Beweismittel im Spruchkammerverfahren seit 1947 zugelassen, waren im Prinzip immer nach demselben Grundmuster aufgebaut. Auf den Namen des Erklärenden, Ort und Datum der Ausstellung folgten die Schilderung der eigenen Situation, die Ausgangslage oder Sachverhaltsschilderung, sodann die hervorzuhebende Haltung der Person, für die man die Erklärung abgab, schließlich die Betonung der Glaubwürdigkeit des Ausstellers und ggf. die Beglaubigung der Unterschrift des Ausstellers.

Die zugunsten von Clahes ausgestellten Erklärungen lassen sich verschiedenen Kategorien zuordnen: Nach Parteizugehörigkeit, nach Bevölkerungsschicht, nach Bildung, nach Stand. Ihnen allen gemeinsam ist die Entlastung Clahes' von schuldhafter Verstrickung in den Nationalsozialismus und der Hinweis auf Schutz vor der Verfolgung und uneigennütziges Eintreten für den Aussteller oder einen anderen Verfolgten. Bei der Betrachtung dieser Erklärungen fallen Datierung und, sofern sie vorgenommen wurde, die Daten der Beglaubigung auf. Clahes hat insgesamt 11 Erklärungen beigebracht. Vier dieser Erklärungen wurden bereits im Jahr 1946 ausgefertigt, drei von ihnen aber erst 1948 beglaubigt. Zwei stammen aus dem Jahr 1947, davon wurde eine im Jahre 1948 beglaubigt. Vier weitere wurden in der ersten Hälfte des Jahres 1948 verfasst.

Daraus wird ersichtlich, dass Clahes sich schon recht frühzeitig um entlastende Erklärungen bemüht hat und ihm deren Bedeutung und Notwendigkeit bewusst war. Die eng beieinanderliegenden Daten der Beglaubigungen muten ein wenig merkwürdig an. Es sieht so aus, als ob der Adressat, in diesem Falle besser als »Nutznießer« bezeichnet, es eilig gehabt hätte, an eine ausreichende Zahl von Erklärungen zu kommen, weil er seine Entnazifizierung möglichst schnell betreiben und abschließen wollte. Anzunehmen ist, dass er dieses Verfahren aus schon genannten Gründen in Bremen betreiben wollte. Bei der Vorbereitung und Durchführung des Verfahrens fiel die Nähe der Daten zueinander offensichtlich nicht auf oder spielte möglicherweise keine Rolle. Viele Verfasser betonten deutlich, nie Mitglied der NSDAP oder deren Organisationen gewesen zu sein und ihr nicht lediglich kritisch, sondern in Gegnerschaft gegenüber gestandenzuhaben. Sie taten dies offensichtlich, um die Wertigkeit der Erklärung zu erhöhen. Diese Aussage wird sehr deutlich bei den SPD-Mitgliedern Dr. Otto Antrick, Rudolf Keune und Rudolf Issleib. Als SPD-Mitglieder waren sie unverdächtig und politisch glaubwürdig. Auch Wilhelm Tatje bekundete, niemals Mitglied der NSDAP gewesen zu sein. Clahes Vorgehensweise war geschickt. Er rechnete mit einer Veränderung der politischen Verhältnisse, in denen die SPD eine bedeutende Rolle spielen würde.

Den Erklärungen von Carl Heimbs, Heinrich Rönneburg und Rudolf Wolters kommt in diesem Zusammenhang wohl ein besonderer Stellenwert zu. Dr. Rudolf Wolters, Freund Speers und dessen Chronist, bescheinigte, dass Clahes zwei ihm nicht bekannte Verleger, Wasmuth und Suhrkamp, vor den Nachstellungen der Nationalsozialisten geschützt habe. Er führt also nicht aus, dass Clahes ihm, Wolters, sondern dass Clahes anderen geholfen habe, was offensichtlich dessen Uneigennützigkeit hervorheben sollte. Wolters hätte in keinem Fall sich selbst als Entlastungszeugen andienen können, zumal er selbst als Hauptabteilungsleiter in der GBI und im Ministerium Speer zunächst sicher als Hauptbelasteter gelten musste, selbst dann, wenn er der NSDAP nicht angehört hatte. Auch Heinrich Rönneburg, nach 1945 zunächst Landrat, dann Oberkreisdirektor in Wolfenbüttel und schließlich bis 1949 Mitglied des Parlamentarischen Rates in Bonn, verwendete sich in einer Erklärung für Willi Clahes, allerdings ohne zu bemerken, dass er Mitarbeiter von Clahes in der Durchführungsstelle zunächst als Referent, dann schließlich als Hauptabteilungsleiter war.

Ein ganz besonderer Stellenwert muss der Erklärung des Inhabers der Kaffeerösterei Heimbs & Sohn in Braunschweig beigemessen werden. Carl Heimbs, 1948 als Vizepräsident der IHK Braunschweig wieder in einflussreicher und hoch angesehener Position, bezog sich auf eine 30-jährige Bekanntschaft mit Clahes und führte aus, dass Clahes bis 1932 Mitglied der DVP gewesen sei, verschwieg aber, dass er selbst Mitglied der DVP war und ebenso, dass Clahes 1932 in die NSDAP eingetreten war. Er führte aus, Clahes' Karriere sei gradlinig, ohne Protektion durch die NSDAP verlaufen. Er verschwieg weiter die Tatsache, dass die Braunschweiger Nationalsozialisten, begünstigt durch die Machtverhältnisse, seit 1930 keinen Beamten im öffentlichen Dienst duldeten, der nicht NSDAP-Mitglied war. Auch die Darstellung, dass »(…) er (Clahes, Anm. d. Verf.) nach der Machtübernahme die NSV übernehmen musste (Unterstreichung durch den Verf.), (…) daß er hier als der soziale Fachmann galt«, mutet eher verharmlosend an. Es ist nicht bekannt, dass Clahes gezwungen wurde, das Amt zu übernehmen. Aber selbst wenn das der Fall gewesen wäre, er hätte ablehnen können, ohne negative Konsequenzen für sich befürchten zu müssen.

Die Nationalsozialistische Volkswohlfahrt (N.S.V.), eine Organisation der NSDAP, wurde im Zuge der Gleichschaltung aus der Rote Hilfe, der Internationale Arbeiterhilfe, unter Zuhilfenahme erpresserischer Methoden gebildet, um das Vermögen der öffentlichen Wohlfahrtspflege in den Besitz der N.S.V. zu bringen. Clahes hat die N.S.V. Braunschweig nach eigenem Bekunden als kommissarischer Kreisamtsleiter geführt.[307]

Über die Gründe, aus denen Heimbs die Erklärung verfertigte, lässt sich allenfalls spekulieren. Die Bekanntschaft oder es mag auch Freundschaft gewesen sein, datierte mehr als 30 Jahre zurück. Sie reichte mit einiger Wahrscheinlichkeit bis ins Jahr 1914 zurück und schloss drei Männer ein, Clahes, Heimbs[308] und Zörner, die in demselben Regiment, dem Reserve-Infanterieregiment 208 Dienst taten. Darüber hinaus waren Heimbs und Zörner auch verwandtschaftlich verbunden: Heimbs heiratete Ernst Zörners Schwester Helene.[309]

Bei der jahrzehntelangen Bekanntschaft dürfte es nicht verwundern, dass die Bekanntschaft von Clahes und Heimbs den Zeitraum von 10 Jahren, seit Clahes' Weggang aus Braunschweig, überdauerte. Der von Heimbs ausgefertigte Schein dürfte daher auch als eine Gefälligkeitserklärung betrachtet werden, von denen es in dieser Zeit eine Unzahl gegeben hat. Die eigene Verstrickung in das System bestritt Heimbs. Er gab sich, da er Mitglied einer Freimaurerloge gewesen sei, als Verfolgter, dem Clahes seine Unterstützung angeboten habe. Heimbs stellt weiter fest, »(...) daß Herr Clahes innerlich den Nationalsozialismus vollkommen abgelehnt hat, da er frühzeitig die Unwahrhaftigkeit der leitenden Persönlichkeiten und damit der ganzen Idee erkannt hatte«.[310] Aufgrund dieser Ausführungen besteht der Eindruck, als handle es sich hier um die Reinwaschung zweier Personen: Heimbs erweckt den Eindruck, er habe dem Nationalsozialismus immer fern gestanden, was aber nicht der Fall war, zumal er zusammen mit Ernst Zörner an der Einbürgerung Hitlers in Braunschweig gearbeitet hatte. Heimbs gab weiter vor, er sei als Freimaurer verfolgt worden und erweckte damit den Eindruck, Clahes habe sich selbst gefährdet, indem er ihm, Heimbs, seine Hilfe angeboten habe. Auf diese Weise können eidesstattliche Erklärungen beiden Parteien helfen, dem der sie ausgestellt hat und dem, zu dessen Nutzen sie sein sollen. Deutlich wird an dieser Stelle auch, dass sich vor 1945 gebildete Seilschaften auch nach dem Kriege bewährten. Man musste nur darauf hoffen – und offensichtlich gelang das auch mindestens eine Zeitlang – dass die Verstrickung in den Nationalsozialismus und die innerhalb dieses Systems begangenen Taten unentdeckt blieben. Eine fürwahr dreiste Haltung!

Bei der Betrachtung der von Clahes gefertigten Erwiderung fällt auf, dass er die Mitgliedschaft in der NSDAP zugibt, ebenso die im Nationalsozialistischen Rechtswahrerbund, einer Parteiorganisation der NSDAP, auch dass er Mitglied der N.S.V., zeitweise deren kommissarischer Geschäftsführer als Kreisamtsleiter war. Ein Verschweigen oder Leugnen dieser Tatbestände wäre sicher – nicht wegen der Strafandrohung – sinnlos gewesen, sondern weil man zu befürchten hatte, dass weiteres belastendes Material auftauchen könnte. Also bediente man sich der ganz einfachen Strategie des Herunterspielens und Verniedlichens von Sachverhalten. Willi Clahes gibt an, dass er zur Zeit seines Parteieintritts (1932) noch braunschweigischer Regierungsrat war und weist darauf hin, dass das Land seit 1930 von einer »Nazi-Regierung« geführt wurde, »(...) so daß der Parteieintritt fast nach 2-jähriger Nazi-Regierungszeit erfolgte. Ausserdem war ich damals der Auffassung, dass die Partei die (...) vorhandenen starken Strömungen des Sozialismus und des Nationalsozialismus ihren Versprechungen gemäß verschmelzen und dadurch eine Verbesserung der allgemeinen Lage herbeiführen würde«[311] – eine bemerkenswert merkwürdige Einlassung, deren gedankliche Konsequenz sich nicht erschließt, die aber eine zur damaligen Zeit gebräuchliche und oft benutzte Formulierung war, auch wenn sie wenig stichhaltig war.

Es ist unbestritten, dass Clahes 1930 Regierungsrat und Mitglied der DNVP war. Nachdem die Nationalsozialisten 1930 die Macht in Braunschweig errungen hatten, übten sie Terror aus, folterten politische Gegner und ermordeten sie. Das muss Clahes als Bürger Braunschweigs und Regierungsbeamtem bekannt gewesen sein.

Und es ist auch nicht anzunehmen, dass er mit dieser Kenntnis sein Gewissen zwei Jahre lang geprüft hat, ob er denn nun in die Partei eintreten oder es besser unterlassen solle. Clahes bewarb sich 1932 um die Stelle eines besoldeten Stadtrats, trat aus der DVP aus und wurde am 1.10.1932 Mitglied der NSDAP. Das war eine durchaus konsequente Vorgehensweise, wenn man unter den gegebenen Bedingungen Karriere machen wollte. Insoweit war Heimbs' Bemerkung von der Gradlinigkeit des Aufstiegs ohne Protektion durch die Partei[312] (Bl. 13) eher unrichtig. Voraussetzung für den Aufstieg war die Parteimitgliedschaft, ohne sie gab es keine Karriere. Bei der Verwendung der Negativ-Begriffe »Nazi-Regierungszeit«, »Nazi-Regierung«, »nationalsozialistische Gewaltherrschaft« oder »Gewaltherrschaft der NSDAP«[313] dürfte es sich um die Übernahme von Benennungen handeln, die nach dem Zusammenbruch aufkamen und die Distanziertheit zum vergangenen System bezeichnen sollten und dies allenfalls oberflächlich taten.

Auf die Tätigkeit als angeblich nur kommissarischer Leiter der N.S.V. im Lande Braunschweig eingehend, führte Clahes aus, dass seine Tätigkeit in der Wohlfahrtspflege dazu führte, dass er die Leitung übernehmen musste.[314] Das bedeutet, dass er gezwungen war, dieses Amt zu übernehmen. Die Begründung scheint vorgeschoben, da herausgehobene Ämter, und um ein solches handelte es sich hier, lediglich und nur von kundigen Parteimitgliedern besetzt wurden, wenn es solche gab. Allerdings konnte man die Übernahme eines Amtes auch ablehnen Dieser Umstand musste auch dem Justizrat Dr. Semler bekannt gewesen sein. In seiner Erklärung, die er Bescheinigung nannte, führte er dennoch aus, »(…) daß Clahes die Leitung der NSV übernehmen musste«.[315] Damit gab er Clahes die sicherlich von diesem gewünschte Erklärung, ohne sie jedoch eidesstattliche Versicherung zu nennen, und sicherte sich damit aber gleichzeitig ab, damit ihm niemand hätte nachweisen können, eine falsche Erklärung an Eides statt abgegeben zu haben.

Hätte sich die Spruchkammer der Auffassung des Anklägers angeschlossen, so hätte Clahes gemäß Art. 7[316] als Belasteter eine harte

Strafe erwartet: Strafmaß waren entweder bis zu fünf Jahre Arbeitslager oder die Ableistung von Sonderarbeiten. Weiterhin wurde der Verurteilte vom öffentlichen Leben ausgeschlossen. Für die Dauer von fünf Jahren wurden ihm berufliche Einschränkungen auferlegt und er hatte zudem Wohnungs- und Aufenthaltsbeschränkungen zu befolgen.[317]

Mitläufer nach Art. 12[318] waren, was die Sühnemaßnahmen anbelangt, durch das Gesetz wesentlich besser gestellt als die Belasteten. Ihnen drohten Zahlungen, die an einen Wiedergutmachungsfond zu entrichten waren, wobei die Dauer der Parteizugehörigkeit Einfluss auf die Höhe der Zahlungen hatte. Ebenso spielten die Familienverhältnisse sowie die finanziellen Verhältnisse bei der Festsetzung eine Rolle. Beamten drohte die Versetzung in den Ruhestand, Versetzung in ein anderes Amt oder die Kürzung der Bezüge.[319]

Die Selbsteinschätzung

Gegen Anhänger, Förderer und Unterstützer der Gewaltherrschaft richtete sich der Art. 7. Demgemäß ordnete der öffentliche Ankläger in Bremen Clahes der Kategorie 2 zu. Begründet wurde dies mit seiner Mitgliedschaft in der NSDAP in den Jahren 1932 bis 1945 und mit seiner Zugehörigkeit zur NSV, der er nach eigenen Angaben als kommissarischer Kreisamtsleiter von 1934 bis 1938 vorgestanden hatte.[320] Für den öffentlichen Ankläger war der in Art. 7 des Gesetzes, Abs. I, Ziffern 1 und 3 genannte Tatbestand erfüllt: Clahes war damit in zweifacher Hinsicht Belasteter. Er wurde den »Aktivisten« zugerechnet, ein Begriff, den es im Militärregierungsgesetz No. 8 für die amerikanische Zone vom 26. September 1945 nicht gab. Dort war stattdessen von »Belasteten« die Rede.[321] Mit seiner Klageschrift[322] vertrat der Ankläger die Auffassung, dass Clahes in seiner Funktion »(...) die Gewaltherrschaft der NSDAP wesentlich gefördert hat« (Ziffer 1) und sich »(...) als überzeugter Anhänger ihrer (gemeint ist die NSDAP, Anm. d. Verf.), insbesondere ihrer Rasselehre erwiesen hat« (Ziffer 3). Bei der Beurteilung der Funktion kam es nicht auf das einzelne Amt oder die Tätigkeit an, sondern »(...) daß die Gesamtheit der Ämter, Dienststellungen oder Tätigkeiten in ihrer Summe eine wesentliche Förderung bzw. sehr erhebliche Unterstützung des Nationalsozialismus und dessen Gewaltherrschaft zur Folge hatte«.[323] Als Förderung wurde verstanden, »(...) daß die Entwicklung über einen bereits vorhandenen Zustand hinaus vorwärtsgetrieben wurde«.[324]

Unter Ziffer 3 war als Tatbestandsmerkmal aufgeführt: »Der Verantwortliche muß sich als überzeugter Anhänger der nationalsozialistischen Gewaltherrschaft erwiesen haben«.[325] Pokorny führt in seiner Kommentierung weiter aus, dass der Verantwortliche die »(...) Praktiken der nationalsozialistischen Gewaltherrschaft als Ganzes oder teilweise als richtig erkannt hat und keine Zweifel mehr daran hegt«.[326] Betrachtet man Arbeit und Taten Clahes', so kann man sich der Forderung des öffentlichen Anklägers, Clahes in die Gruppe 2, Belastete oder Aktivisten, einzureihen, anschließen, denn Clahes handelte entsprechend dieser Definition.

Als Sühnemaßnahme war hier zwingend die von der Kammer festzusetzende Einweisung in ein Arbeitslager bis zur Dauer von fünf Jahren vorgesehen. Ggf. konnte eine politische Haft, die nach dem 8. Mai 1945 angetreten worden war, angerechnet werden. Als weitere Sühnemaßnahmen konnten ausgesprochen werden: Das dauerhafte Verbot, ein öffentliches Amt zu bekleiden, der Verlust von Rente, Pension oder von bereits erworbenen Ansprüchen, die Aberkennung des aktiven wie passiven Wahlrechts, der Verlust der Approbation, der Konzession und das Verbot, einen Kraftwagen zu halten. Berufsverbote von bis zu fünf Jahren, wie auch Wohnungs- und Aufenthaltsfestlegungen waren möglich. Da auch ein Einzug des gesamten Vermögens bis zum Behalt des Notwendigsten möglich war, hätte ein Spruch von dieser Qualität, auch wenn nur Teile der Maßnahmen verhängt worden wären, schwerstwiegende Folgen für die persönlichen wie wirtschaftlichen Verhältnisse gehabt. Sie hätten dem Betroffenen die Lebensgrundlage entzogen. Der gewählte Konjunktiv »hätte« deutet darauf hin, dass es zu diesem Spruch infolge Clahes' Unfalls und seines Todes nicht kam.

Mit einem derartigen (Urteils-)Spruch konnte Clahes, der Gesetz und Kommentierung mit Sicherheit kannte und als Jurist wohl auch auszulegen wusste, nicht einverstanden sein. Er unternahm alles, um in einem positiveren Licht zu erscheinen, indem er, z.T. ohne Nennung und ohne Bezug auf bestimmte Artikel des Gesetzes, die dort genannten und definierten Milderungsgründe für sich in Anspruch nahm. Das betraf zum einen seine Stellung als kommissarischer Kreisamtsleiter, die er nach eigenen Aussagen gezwungenermaßen übernommen hatte, in dieser Stellung aber Verfolgten Hilfe und Unterstützung gewährte.[327] In diesem Fall bezog er sich auf Artikel 39, Ziff. 4 »Umstände zu Gunsten und Ungunsten des Betroffenen«,[328] auf die »nachweisbare Unterstützung von Opfern und Gegnern des Nationalsozialismus, sofern sie auf antinationalsozialistischen Beweggründen beruhte«. Damit spielte er auf die Fälle Raschen, Issleib, Dr. Antrick, Rönneburg, Keune und Stülken an, nannte aber nicht die Namen der Verleger Wasmuth und Suhrkamp.[329] Er könne weitere Fälle anführen, wenn ihm der Zugang zu seiner früheren Dienststelle möglich wäre. Es erscheint eher unglaubwürdig, dass Clahes in seiner Dienststelle am Pariser Platz in Berlin entlastendes Material aufbewahrt hat. Das würde bedeuten, dass er bereits vor 1945 mit dem Zusammenbruch des Reiches gerechnet und vorsorglich mit dem Sammeln von Entlastungserklärungen begonnen hätte. Wäre es so gewesen, stellt sich die Frage, ob er bereits vor 1945 Kenntnis von der geplanten Entnazifizierung hatte und aus welchen Gründen er dann diese wichtigen Papiere bei seinem Weggang aus Berlin nicht mit sich genommen hat. Denn er musste sich bewusst sein, dass ein Betreten seiner ehemaligen Dienststelle nicht möglich war. Wenn es denn diesen Wunsch überhaupt gegeben haben sollte, dann liegt die Unterstellung nahe, dass Clahes eher daran interessiert war, belastendes Material zu vernichten, wenn er es nicht schon vor seinem Weggang getan hatte.

Hätte die Spruchkammer dem Ersuchen Clahes' stattgegeben, wäre ihm die Möglichkeit gegeben, ohne jede Einschränkung straffrei als geachteter Bürger nicht nur am öffentlichen Leben teilzunehmen, sondern sich mit berechtigter Hoffnung um Wiedereinstellung in den öffentlichen Dienst zu bemühen.

Mit Clahes' Tod am 21. Oktober 1948 endet die Durchführung des Spruchkammerverfahrens. Sie war, sieht man sich den Verlauf an, recht oberflächlich. Mit Datum vom 25. November 1948 wurde das Verfahren, das mit dem höchsten für diese Art von Verfahren überhaupt vorgesehenen Streitwert mit 20.000 RM angesetzt wurde, von Todeswegen eingestellt.[330] Mit Datum vom 18. Februar 1949 wurde Clahes in die Kategorie »Mitläufer« eingeordnet[331] (Art. 17, III). Zuvor, am 18. Januar 1949, hatte die Witwe Irmgard Clahes auf die Berufung verzichtet.[332]

Als Minderbelasteter oder Mitläufer wurde Clahes bescheinigt, dass er allenfalls »nominell am Nationalsozialismus teilgenommen oder nur unwesentlich unterstützt hat«[333] (Art. 12), eine abwegige Beurteilung, ein Urteilsspruch, der die Tatsachen vollkommen unberücksichtigt ließ. Die Frage, die sich als eine Art Denkmodell anschließt und sicher dazu führt, was Juristen im Allgemeinen als Unwert-Urteil bezeichnen, ist, welcher Spruch hätte sich ergeben, hätte die Spruchkammer Kenntnis über die tatsächlich ausgeübte Tätigkeit und über die Funktion Clahes' gehabt. Er hatte ausgeführt, dass er einem Ruf nach Berlin gefolgt sei, weil seine Stellung in Braunschweig unhaltbar geworden sei. Kreisleiter Hesse, der spätere Oberbürgermeister, habe ihm misstraut.

Obwohl er in seinem Meldebogen Angaben über Dienststellen und Dienstorte gemacht hatte, hatte der öffentliche Ankläger diese Angaben nicht überprüft und war offensichtlich wohl auch nicht zu Erkenntnissen über das Wesen und den Umfang der Tätigkeiten, die Clahes ausgeübt hatte, gekommen. Evtl. sah der Ankläger auch keinen Grund für weitere Nachforschungen, denn er (Clahes) sei dem Ruf gefolgt, »(…) durch den ich dann Leiter der Abteilung für soziale und Rechtsfragen«[334] beim GBI wurde. Das klang absolut unverdächtig und ließ allenfalls auf die Tätigkeit eines Verwaltungsjuristen schließen, nicht aber auf einen stellvertretenden Amtsleiter, der Juden um ihre Wohnungen und Häuser brachte und zudem eine engere Bekanntschaft zu seinem obersten Chef, Albert Speer, unterhielt.

Im Zuge des totalen Kriegseinsatzes sei er dann 1942 in das Reichsministerium für Bewaffnung und Munition »abkommandiert«[335] worden. Auch an dieser Stelle ging Clahes mit der Wahrheit großzügig um: Er verschwieg seine Tätigkeit und damit seine Verantwortlichkeit in der Durchführungsstelle der Generalbauinspektion und gab vor, auch dort nichts anderes getan zu haben als in Braunschweig auch. Dort war er 1. Bürgermeister und Sozialdezernent gewesen, in der Generalbauinspektion leitete er die Sozial- und Rechtsabteilung.

»Abkommandieren«, das aus dem militärischen Gebrauch stammende schwache Verb, impliziert die deutliche Vorstellung, er habe sich einem Befehl, dem er eigentlich gar nicht nachkommen wollte, gebeugt und habe gar nicht in das Ministerium wechseln wollen. Ob es sich so verhalten hat, muss zu Recht bezweifelt werden. Infolge der zunehmenden Luftangriffe der Alliierten auf Berlin und die daraus folgenden schwerwiegenden Zerstörungen von Gebäuden war an die eigentliche Arbeit der Durchführungsstelle nicht mehr zu denken. Es ging nicht mehr um Räumungen von Wohnungen und Häusern, um Entmietungen und Käufe von Grundstücken, sondern um die Unterbringung Ausgebombter in Notunterkünften.

1942 legte Clahes den Abschlussbericht der Durchführungsstelle vor, wechselte in das Ministerium für Bewaffnung und Munition und wurde dort am 30. Januar 1943 stellvertretender Chef des Rüstungslieferungsamtes. Zum Bereich des Rüstungslieferungsamtes gehörte der Hauptausschuss Maschinen, der insbesondere der Rüstungsfertigung zulieferte. Zum Geschäftsbereich von Clahes gehörte die nicht unwichtige Generatorenfertigung. Im Oktober 1944 wurde Clahes die weitere Aufgabe übertragen, sich mit allen Gesetzesverstößen der Mitarbeiter Speers zu befassen.[336]

So betrachtet ändert sich die causa Clahes vor diesem Hintergrund in beträchtlichem Maße, selbst dann, wenn man ihm für seine leitende Tätigkeit in der NSV den Art. 39 zubilligt, der die zwangsweise Verpflichtung als eine Minderung der Belastung ansieht. Als Amtsleiter, selbst wenn er diese Tätigkeit nur kommissarisch durchgeführt hätte, wäre er automatisch in die Gruppe der Hauptbelasteten eingereiht worden.[337]

In seiner Position als Vizepräsident der Durchführungsstelle, dann nach dem Aufgehen dieser Stelle im Hauptamt, schließlich nach dem Wechsel in das Reichsministerium für Bewaffnung und Munition war Clahes nicht für soziale und Rechtsfragen zuständig, sondern für die Entmietung und Räumung von Juden bewohnter oder ihnen zugehöriger Immobilien. In seiner Eigenschaft als stellvertretender Amtsleiter des Rüstungslieferungsamtes wäre er gemäß Art. 5, Ziffer 6 in die Kategorie »Hauptbelasteter«

einzuordnen gewesen.[338] Als sogenannter alter Parteigenosse, Beitritt 1932, wäre er der Kategorie 2, »Belasteter« oder »Aktivist« zuzuordnen gewesen.

Eindeutig fällt die Antwort auf die Frage aus, ob er sich als Parteimitglied oder stärker mit seiner Tätigkeit in der GBI und im Ministerium in Schuld verstrickt hat. Die für Hauptbelastete vorgesehenen Sühnemaßnahmen übertrafen die für die Klasse 2 vorgesehenen mit der zwingend vorgeschriebenen Einweisung in ein Arbeitslager für die Dauer von bis zu 10 Jahren.

Daher wurde von allen Betroffenen, die eine Eingruppierung in eine der ersten zwei Kategorien zu fürchten hatten, die Zuordnung in niedrigere Kategorien angestrebt. Auch Clahes war hier keine Ausnahme, ganz im Gegenteil. Er beantragte für sich die Kategorie 5, »Entlastete«.[339] In Art. 13 heißt es dazu: »Entlastet ist, wer trotz seiner formellen Mitgliedschaft oder Anwartschaft oder eines anderen äußeren Umstandes sich nicht nur passiv verhalten, sondern nach dem Maß seiner Kräfte aktiv Widerstand gegen die nationalsozialistische Gewaltherrschaft geleistet und dadurch Nachteile erlitten hat«.[340] Wann und in welchen Fällen das geschehen ist, bleibt auch in den von Clahes genannten Fällen zweifelhaft.

In der larmoyant formulierten, geradezu mitleiderregenden Passage[341] arbeitete Clahes konsequent auf die gewünschte Einstufung in die Klasse 5 hin. Die Schilderung der persönlichen Situation ist so anrührend, wie sie auch von Raffinesse durchdrungen ist: Er selbst sei auf Grund einer Kriegsbeschädigung aus dem 1. Weltkrieg (Schweregrad 30%, Lungentuberkulose) arbeitsunfähig. Die Familie, er, seine Frau und die beiden Kinder, seien mittellos und müssten mit dem zurechtkommen, was seine Frau durch Schneiderarbeiten erwirtschafte. Ob er gehofft hatte, dass seine angeblich zwangsweise Tätigkeit in der NSV einer erzwungenen Tätigkeit im Gesundheitswesen gleichgestellt wurde, wie es dann ja in dem Spruch gegen ihn geschehen ist, kann nur vermutet werden.[342] Zur Begründung führte Clahes aus, er habe mit Zustimmung des

Leiters des Gesundheitsamtes die Abteilung Gesundheitsfürsorge geleitet.[343] Daraus folgerte er, dass lediglich sein Mitgliedstatus in Betracht gezogen werden dürfe.

Zu seiner weiteren Entlastung gab er an, dass er und seine Familie nicht aus der Kirche ausgetreten und seine Kinder getauft worden seien. Das mag im Falle seiner 1931 geborenen Tochter Irma überhaupt nicht problematisch gewesen sein, wenn er damit auf etwaig vorhandenen politischen Druck anspielen wollte, seine Kinder nicht taufen zu lassen. Probleme hätte es höchstens im Falle seines 1935 geborenen Sohnes Eberhard geben können. »Und alles dieses in dem stark nationalsozialistisch regierten Braunschweig bei immerhin exponierter Stellung«. Dass Braunschweig »stark nationalsozialistisch« regiert wurde, war Clahes mit Beginn der nationalsozialistischen Herrschaft in Braunschweig bekannt. Diese Tatsache dürfte ihn in keiner Weise gestört noch ihn zu Gegenreaktionen veranlasst haben. Seine Ausführungen stellten ganz einfach eine Verharmlosung dar. In Braunschweig regierte die NSDAP und Clahes war Teil dieses Regimes, das sich durch Terror, Folterung und Mord der Macht bemächtigt hatte.

Der Hinweis auf seine absolute Mittellosigkeit[344] lässt vermuten, dass er damit dem möglicherweise zu befürchtenden Strafrahmen, dem Einzug des gesamten Vermögens, ausweichen wollte. Denn Clahes verschwieg an dieser Stelle einfach das Eigentum an dem Grundstück in Berlin-Zehlendorf-West, Bülowstr. 23. Dieses Grundstück wurde von seiner Witwe 1963, 15 Jahre nach seinem Tod, zum Preis von 65.000 DM veräußert.[345] Außerdem muss bei der Allianz eine Lebensversicherung bestanden haben, da die Witwe nach dem Unfalltod am 28.2.1949 ein Schreiben an die Allianz richtete und um Auszahlung der fälligen Summe bat.[346]

Auch habe er Abstand zur Partei gehalten und »(…) ‚Ehrungen' und sonstige Zuwendungen« nicht bekommen. Er begründete dies mit seinem Verhalten »während der ganzen Nazizeit«.[347] Selbst die Beitragszahlungen an die Partei werden erwähnt. So habe er monatlich 2,50 RM gezahlt.[348] Alte Parteigenossen zahlten 1,50 RM

Mitgliedsbeitrag und zusätzlich wie alle anderen Mitglieder und Anwärter 0,30 RM für die Hilfskasse.[349] Bei genauer Betrachtung lag Clahes damit 0,70 RM über dem Mindestbeitrag. Auf diese Weise sollte offensichtlich der Eindruck erweckt werden, er habe die Partei in keiner Weise finanziell gefördert oder unterstützt.

Geschickt behauptete er, dass »(...) wirklich keine Rede davon sein kann, mich zum Aktivisten zu stempeln«,[350] und gab als Begründung die Inhalte der Erklärungen seiner früheren Sekretärin und der Verfolgten, denen er ohne Rücksicht auf sich und seine Familie geholfen habe. Er führte wörtlich aus, dass »(...) alle meine Handlungen, wenn sie denn bekannt geworden wären, für mich persönlich und meine Familie erhebliche Nachteile zur Folge gehabt hätten«.[351]

Mit dieser Vorgehensweise versuchte Clahes, belastende Tatbestände abzumildern bzw. ungeschehen zu machen, denn die »(...) von mir an den Tag gelegte Haltung ist meiner Auffassung nach so eindeutig positiv im Hinblick auf entlastende Momente, dass ich völlige Entlastung beantrage«.[352] Einen Absatz weiter brachte Clahes seine Bemühung um Entlastung auf den Punkt und führte aus: »Bei gerechter Würdigung meines Gesamtverhaltens glaube ich daher, dass der Herr öffentliche Kläger und die Spruchkammer zu dem Urteil wird gelangen müssen, dass ich weder durch meine Stellung noch meine Tätigkeit die Gewaltherrschaft der NSDAP gefördert habe noch mich als überzeugter Anhänger der nationalsozialistischen Gewaltherrschaft, insbesondere der Rasselehre erwiesen habe«.[353] An dieser Stelle hält der Leser verwundert ein und fragt sich, ob ein derartiger Realitätsverlust überhaupt denkbar ist. Auch im Folgenden wird dies deutlich.

Er machte für sich selbst geltend, dass er dennoch weiter im Amt geblieben sei. Wahrscheinlich wollte er damit andeuten, dass er sich uneigennützig verhalten habe, trotz aller Gefährdung der eigenen Person und seiner Familie. Er habe auf diese Weise Unrecht und Gewalt verhindert,[354] und er habe »menschlich anständig (im Original unterstrichen, Anm. d. Verf.) gehandelt[355] (...) um Schlimmeres zu verhindern«. Als Beweis für seine menschliche

Handlungsweise führte er seine »sozialistischen Freunde« an. Sie geben mir »auch die Hoffnung, dass ich nochmals im Sinne eines Sozialismus, der Recht und Freiheit verbürgt, meine Fähigkeiten einsetzen kann«.[356] Im guten Sinne menschlich konnte Clahes im Fall seiner »sozialistischen Freunde« – wobei man den Begriff »Freunde« als nicht so recht zutreffend sehen mag – gehandelt haben. Aber unmenschliches Handeln entspringt eben auch menschlichen Eigenschaften. Clahes, der von 1932 bis 1938 im nationalsozialistischen Braunschweig die Position des Sozialdezernenten und 1. Bürgermeisters bekleidet und sich nie gegen Ausschreitungen in Braunschweig geäußert hatte, der nach 1938 als Vizepräsident der Durchführungsstelle Tausende von Wohnungen und Häusern geräumt hatte, die in jüdischer Hand oder Eigentum waren, dieser Clahes vollzog eine Kehrtwendung in das andere Extrem. Und er war damit kein Einzelfall. Fast beiläufig äußerte er die Hoffnung, dass er in einem sozialistischen System, in dem Recht und Freiheit herrschen, seine »Fähigkeiten einsetzen kann«,[357] Mit dieser Haltung, man könnte fast schon von einer Erwartungshaltung sprechen, stand er wie zahlreiche seiner anpassungsfähigen und anpassungswilligen ehemaligen Parteigenossen nicht allein. Das Bild vom Wendehals ist zwar abgedroschen, trifft für ihn aber uneingeschränkt zu.

Der Leser fragt sich einmal mehr, ob etwa ein umfassender Realitätsverlust zu dieser Stellungnahme auf die Anklage geführt hat oder ob es nicht doch Feigheit und Angst vor den möglichen Folgen seiner Handlungen oder aber doch eine abgrundtiefe Charakterschwäche, gepaart mit Verantwortungslosigkeit waren, die ihn haben tätig werden lassen. Angst muss er wohl vor der Aufdeckung seiner Taten gehabt haben, denn er verneint ausdrücklich, Anhänger der nationalsozialistischen Rasselehre gewesen zu sein, ein Tatbestand, der ihn nach Art. 7, Abschnitt I, Ziffer 3, den »Aktivisten«[358] zugeordnet hätte. Diesen Vorwurf versuchte er mit dieser Ausführung zu entkräften, ohne sich aber direkt auf den Art. 7 zu beziehen.

Seine Handlungsweise war sicherlich nicht nur ihm zu eigen. Viele Hauptbelastete und Aktivisten dürften in der gleichen Weise gehandelt und argumentiert haben, um sich einem anderen System, sei es nun sozialistisch oder konservativ orientiert, anzudienen. Die Zahl der Personen, denen das offensichtlich mühelos gelang, war groß. Sie stammten aus allen Bereichen des öffentlichen Lebens.

Versorgung gem. Art. 131 Grundgesetz

Die Kapitulation vom 8.5.1945 stellte den neuen Staat, aber auch die Beamten, Angestellten und Arbeiter des ehemaligen öffentlichen Dienstes von einem Augenblick auf den anderen vor schier unlösbare Probleme. Den sicher geglaubten Arbeitsplatz gab es nicht mehr. Um der Vielzahl dieser Personen gerecht werden zu können, wurde der Art. 131 in das Grundgesetz der Bundesrepublik aufgenommen. Dieser Artikel galt für einen genau definierten Personenkreis und zwar für die aus dem öffentlichen Dienst verdrängten Beschäftigten.[359]

Der Artikel 131 bestimmt, dass »die Rechtsverhältnisse von Personen (…) zu regeln sind, die am 8. Mai 1945 im öffentlichen Dienst standen, aus anderen als beamten- und tarifrechtlichen Gründen ausgeschieden sind und bisher nicht oder nicht in ihrer früheren Stellung verwendet werden«.[360] Dieser oft als 131-er Gesetz bezeichnete Artikel wäre für eine Regelung auch der Ansprüche von Clahes zur Anwendung gekommen. Denn: »(…) alle Reichsministerien sind ersatzlos weggefallene Dienststellen. Es fehlt ganz abgesehen vom Übergang der Aufgaben auf den Bund oder auf die Länder an der Weiterführung zentraler Reichsaufgaben«.[361] Da es das Reich also nicht mehr gab, konnten auch keine Reichsaufgaben wahrgenommen und erledigt werden und schon gar nicht solche, wie sie in der Generalbauinspektion oder im Reichsministerium für Rüstung und Kriegsproduktion angefallen waren.

Berechnungen der Pension für Clahes nach dem 8.5.1945 oder des Witwengeldes nach seinem Tod am 21.7.1948 haben sich bei der Spruchkammer-Akte nicht auffinden lassen. Anzunehmen ist, dass diese Akte nach der gesetzlich vorgeschriebenen Zeit bedauerlicherweise vernichtet wurde. Zwei Belege lassen jedoch vermuten, dass die Witwe Versorgungsbezüge erhielt, die Zahlungen jedoch nicht problemlos verliefen. Der Bremische Senat, die Senatskommission für das Personalwesen, kündigte mit Schreiben an den Oberbürgermeister der Stadt Braunschweig vom 2.12.1955 die Durchführung eines Verfahrens nach §7, 131 GG an. Offensichtlich bat er wegen einer Entscheidung um eine Aufstellung des beruflichen und parteipolitischen Werdegangs von Clahes. Das bedeutete nichts anderes, als dass man die Versorgungsbezüge einbehalten wollte, wenn »die Ernennungen und Beförderungen beamtenrechtlichen Vorschriften widersprechen oder wegen enger Verbindung zum Nationalsozialismus vorgenommen worden sind«,[362] auch wenn dies von dem damaligen Sachbearbeiter Hans Koschnick[362a] in seiner Anfrage nicht explizit betont wurde.

Nach Ziffer 6 des Art. 131 ist »(...) Bekleidung von Parteiämtern ein Indiz für enge Beziehungen«[363] zum Nationalsozialismus. In diesem Zusammenhang ist das Kausalitätsprinzip zu beachten: »Die enge Verbindung muß nach dem Wortlaut des §7 für die Ernennung oder Beförderung kausal sein. Bei dem Kausalitätsbegriff des §7 ist es durchaus möglich, daß verschiedene Bedingungen den Erfolg herbeigeführt und beim Zustandekommen der Ernennung oder Beförderung mitgewirkt haben (...)«.[364]

In ihrem Kommentar legen Ambrosius, Löns und Rengier dar, dass die Beweisführung für die Ursächlichkeit der engen Verbindung sehr schwierig sei.[365] Hinweise auf die enge Verquicktheit mit dem Nationalsozialismus seien z.B. Empfehlungsschreiben oder wenn sog. alte Kämpfer in den Genuss von Ernennungen gekommen seien. Beide Voraussetzungen galten für Clahes: Er war alter Kämpfer und er wurde auf Empfehlung Zörners in die Generalbauinspektion geholt.

Demnach hätte Clahes nach Durchführung des Verfahrens nach §7 den Status eines Regierungsrats oder Stadtrats, daraus folgend diesem Status entsprechende Versorgungsbezüge erhalten und seine Witwe ein entsprechendes Witwengeld. Für diese Vermutung spricht, dass die Witwe in dem Prozess um die Versorgungsbezüge obsiegt hat. Ein Schriftwechsel zwischen Wolters und Speer lässt diese Vermutung zu.[366]

Die historische Situation im Jahre 1933

Die Verfassung eines Staates stellt ein Abbild der rechtlichen und politischen Ordnung dar. Sie steht über dem staatlich geschaffenen Recht, definiert die Staatsgewalten Exekutive, Judikative und Legislative und grenzt sie gegeneinander ab. Sie äußert den Machtanspruch des Staates und begrenzt gleichzeitig diese Macht gegenüber ihren Bürgern. Damit stellt die Verfassung die höchste und prinzipiell unveränderbare Norm dar, wobei der Begriff »prinzipiell« auf eine Möglichkeit der Verfassungsänderung hinweist, die allerdings nur mit einer entsprechenden in der Verfassung definierten Mehrheit möglich ist.

Die Verfassung der Weimarer Republik – das Grundgesetz der Bundesrepublik ähnelt ihr in einigen Grundzügen – enthielt eine ganz wesentliche Bestimmung, den Art. 48, mit dessen Anwendung die Verfassung allerdings nur für eine bestimmte Frist außer Kraft gesetzt werden konnte. Dieser Art. 48, der sog. Notverordnungsartikel, diente schließlich der Aushöhlung und Beseitigung normativen Rechts und dessen Ersatz durch eine rein ideologisch begründete Rechtsauffassung und Rechtsausübung. Danach war es dem Reichspräsidenten möglich, »wenn im Deutschen Reich die öffentliche Sicherheit und Ordnung erheblich gestört oder gefährdet wird«, alle Mittel zur Wiederherstellung der öffentlichen Sicherheit einzusetzen und dazu ggf. auch die Grundrechte »ganz oder zum Teil außer Kraft zu setzen«.[367] Genau dies geschah mit der sog. Reichstagsbrandverordnung vom 28. Februar 1933, die unmittelbar auf den Reichstagsbrand folgte und die rechtliche Voraussetzung für das Ermächtigungsgesetz bildete. Mit der Verabschiedung des Ermächtigungsgesetzes änderte sich das Recht. Das nationalsozialistische System schaffte die Gewaltenteilung ab, nur theoretisch bestand sie weiter fort, wie auch die Verfassung, die aber von nun an bedeutungslos war. Das normative Recht wurde in positivistisches Recht gewandelt, indem die Partei, die sich gegenüber dem Staat als übergeordnete Institution sah, die Auffassung vertrat:

»Der Führer hat immer Recht«. Von nun an galt uneingeschränkt der »Führerwille« als oberstes Gesetz und damit als Recht (s. Kapitel »Der Beamte im Nationalsozialismus«). Damit wird eine Rechtsauffassung und Gesetzgebung begründet, die zur Beliebigkeit verkommt, da sie sich an ideologischen Erfordernissen und Maximen orientiert und diese zum Gesetz erhebt. Eine Überprüfung des Rechts, der Rechtsprechung war damit nur noch soweit möglich, wie der nationalsozialistische Staat das in von ihm zugelassenen Rahmenbedingungen akzeptierte oder für opportun hielt.

An dieser Stelle stellt sich im Folgenden die Frage, welche Bedeutung die neue Verfassungswirklichkeit für Clahes hatte.

Clahes – Der tüchtige Jurist im System

In der Chronik der Speer-Dienststellen, d.h. in der ungeschönten Chronik, taucht der Name »Clahes« einige Male auf, in der »gesäuberten« einige wenige Male, und zwar in solchen Zusammenhängen, die rechtlich unbedenklich waren. Die Gründe dürften klar sein. Clahes war für Steinkäufe zuständig, für das Bauwerk »T«,[368] die »Große Halle«, war als leitender Beamter bei der Besprechung zur Verselbstständigung der Abteilungen zugegen, allesamt Vorfälle, die unverdächtig waren und weitgehend als im gesetzlichen Rahmen befindlich gesehen werden konnten. Erst in der schriftlich geführten Auseinandersetzung der beiden dann schon ehemaligen Freunde Speer und Wolters wird deutlich, dass beiden natürlich bewusst war, dass man ein Dokument gefälscht hatte und die Aufdeckung dieses Umstandes und dessen Folgen fürchtete. Was in dieser Angelegenheit Clahes betraf, wurde in einem (relativ) kurzen Schriftwechsel, betitelt »Bescherung« und »Gegenbescherung«, deutlich. Damit war nun nicht das weihnachtliche Geschenkritual im Sinne von ‚bescheren' gemeint, sondern wohl eher die saloppe Formulierung: »Da hast du nun die Bescherung«, die gerne flapsig benutzt wird, wenn ein unerwünschter, aber doch befürchteter Sachverhalt eintritt. In einem vom 10. Januar 1970 datierten Schreiben von Wolters an Speer heißt es: »Allerdings habe ich mich aber auch gezwungen gesehen, einige ganz wenige Stellen herauszunehmen, die zeitgeschichtlich leider nicht unbedingt unwichtig sind. (...) In der Zeit vom 18. Oktober bis 2. November 1941 wurden in Berlin rund 4.500 Juden evakuiert. Dadurch wurden 1.000 weitere Wohnungen für Bombengeschädigte frei und vom Generalbauinspektor zur Verfügung gestellt (...). Diese sich einige Male wiederholenden Notizen gipfeln dann 1942 in einem Bericht deines Mitarbeiters Cl.(ahes), (...), daß die Zahl der umgesiedelten Personen 75.000 betrug und insgesamt 23.765 jüdische Wohnungen erfaßt wurden. Das ist natürlich eine Leistung! Da damals, als ich diese vielsagenden Notizen strich, wieder einige Hexenprozesse gegen sogenannte Schreibtischtäter im Gange waren, hatte ich es für richtig gehalten, diese Stellen in den Abschriften (nicht im Original) zunächst unter den Tisch fallen zu lassen. Denn noch lebte Irmgard Cl. mit ihren Kindern, die sich jahrelang eine Pension erstreiten musste und schließlich lebtest auch Du und zwar noch in Spandau. Den Ludwigsburgern würde ich es glatt zutrauen, daß sie auch Dir noch einen zusätzlichen Prozeß machten, (...)«.[369]

In dem undatierten Antwortschreiben Speers heißt es unter dem Begriff »Gegenbescherung«: »Trotzdem hast Du (ausnahmsweise natürlich) vollkommen recht, daß du Diesbezügliches weggelassen hast. Frau Irmgard kommt demnächst mich besuchen und sie würde es zuerst spüren«.[370]

Der Abschnitt aus Wolters' Brief ist in mehrfacher Hinsicht interessant: In seinem Brief findet sich eine Anspielung auf den Abschlussbericht der Durchführungsstelle aus dem Jahre 1942, ohne dass er diesen Bericht ausdrücklich nennt und darauf, dass Cl. (Kürzel für Clahes, was den Eingeweihten, insbesondere aber Speer bewusst gewesen ist) der für die Entmietung der »Personen«, womit die Juden gemeint waren, der zuständige Amtsleiter war. Hinsichtlich des von Wolters' gewählten Begriffs »Leistung« im Zusammenhang mit der Räumung von Wohnungen und Menschen stellt sich der Leser zunächst die Frage, ob Wolters' Feststellung ironisch gemeint war. Auch wenn diese Frage von lediglich rhetorischer Qualität ist, muss sie eindeutig verneint werden. Wolters war Nationalsozialist, wenngleich auch nicht Parteimitglied, so doch mehr als nur Sympathisant Hitlers, auch über dessen Selbstmord hinaus. Er wird die Leistungen der Durchführungsstelle und damit die Leistungen Clahes' durchaus in positivem Sinne beurteilt haben.

Außerdem sah er die Gefahr, dass Clahes als »Schreibtischtäter« hätte angeklagt werden können, wären seine Tätigkeiten im Berliner Immobilienwesen zu Lasten der jüdischen Bevölkerung bekannt geworden. Und dieser Fall wäre eingetreten, so fürchtete man wohl zu Recht, wenn die unverfälschte Chronik zu Lebzeiten von Clahes aufgetaucht und als Folge vonseiten der Ludwigsburger Zentralstelle Vorermittlungen aufgenommen wären. Denn nach Kenntnis der Dinge muss gesagt werden, dass Clahes' Tätigkeiten strafrechtlich relevant waren wie die seines Chefs auch. Es ist kaum vorstellbar, dass Clahes vom Schicksal der Juden, die er »entmietete« oder deren Häuser er räumen ließ, nichts wusste. Dagegen spricht eindeutig die schon erwähnte Zusammenarbeit zwischen der Durchführungsstelle und dem Reichssicherheitshauptamt und der Umstand, dass Clahes als Vertreter der Durchführungsstelle am 20. Januar 1942 Teilnehmer der Wannsee-Konferenz war. Die Passagen belegen darüber hinaus, dass Speer, Wolters und Clahes sich gut kannten, davon zeugt die vertraute Bezeichnung »Frau Irmgard« und der Hinweis »Kampf um die Pension«. Man wird also Kontakte gehabt und gepflegt haben.

Einer Anfrage der Senatskommission für das Personalwesen des Landes Bremen vom 2. Dezember 1955 zufolge wurde die Pension, von der die Rede ist, offensichtlich bis ins Jahr 1955 auf der Grundlage des GG Art. 131, Kap. I gezahlt. Wie diesem Schreiben ebenfalls zu entnehmen ist, sollte von Seiten dieser Kommission »die Durchführung eines Verfahrens nach §7 G 131« geprüft werden (s. auch: Kapitel »Der Beamte im Nationalsozialismus«). Einen Aufschluss, wann der Streit um die Pension beendet war, gibt es nicht. Man kann mutmaßen, dass das der Fall vor 1970 war und dass die Berechnung der Pension oder des sog. Witwengeldes auf der Basis der Bezüge vorgenommen wurde. Diese beliefen sich auf 10.965,84 RM jährlich.

Clahes war Jurist. Und als solcher wandte er Recht im Sinne der nationalsozialistischen Ideologie an, ohne danach zu fragen, ob dieses Recht einer höherwertigen, normativen Überprüfung standhält. Wenn der Laie nach dem »Warum« fragt, so präzisiert dies der Jurist, indem er nach dem Anstifter, dem Täter und dem Motiv fragt. In Clahes' Fall würde man zunächst an seinen Chef, den Generalbauinspektor Albert Speer denken, der sich den praktizierten Antisemitismus für seine Neugestaltungspläne für die Reichshauptstadt Berlin zunutze machte. Aber weder Hitler noch der glühende Antisemit Goebbels gaben Speer den Auftrag oder den Befehl, Berlin von Juden zu »befreien«. Das Vorgehen gegen Juden bot Speer die Möglichkeit, seine Neugestaltungspläne rigoros voranzutreiben und auszuführen. Diese Aufgabe übernahm sein Vizepräsident Clahes.

An dieser Stelle ist es an der Zeit, den Strafrechtler Claus Roxin in die Darstellung einzuführen, der in seiner Publikation »Täterschaft und Tatherrschaft«[371] den Begriff »Willensherrschaft kraft organisatorischer Machtapparate« einführte, eine, wie Roxin ausführt, »andere Erscheinungsform mittelbarer Täterschaft«. Es handelt sich dabei um Fälle, die die deutschen Gerichte vor allem nach 1945 beschäftigten, in denen ein »Hintermann«, also der Anstifter oder Täter, einen Apparat zur Durchführung seiner Verbrechen zur Verfügung hatte.[372]

Willi Clahes starb am 21. Oktober 1948. Sein Spruchkammerverfahren wurde posthum – und wahrscheinlich deshalb – halbherzig und oberflächlich zu Ende geführt. Er wurde in die Kategorie »Minderbelastet« eingestuft, sich selbst sah er aber als »vollkommen unbelastet«, eine Sichtweise, die nur als dreiste Uneinsichtigkeit gewertet werden kann. Clahes war Kreisamtsleiter der N.S.V., er war in die Machenschaften der Braunschweiger NSDAP involviert. Er hatte mit Sicherheit von den Ausschreitungen der Nazis in Braunschweig gehört, wenn er sie auch nicht mit eigenen Augen gesehen hat. Und er war immerhin Vizepräsident der Durchführungsstelle innerhalb der GBI. Als solcher war er in alle Machenschaften, Handlungen und Verbrechen gegen Juden nicht nur eingeweiht, sondern er verantwortete sie auch und war als Vertreter des Generalbauinspektors bei der Wannsee-Konferenz anwesend. Als solcher war er Bestandteil des nationalsozialistischen Systems, verkörpert in diesem Fall durch die Generalbauinspektion und deren Chef Albert Speer.

Wegen seiner Taten wurde Clahes nicht verfolgt. Offensichtlich hatte er sich versteckt und sein Chef Speer hatte aus den schon genannten Gründen kein Interesse daran, Clahes in die juristische Wirklichkeit zu bringen und sich selbst – aber natürlich dann auch Clahes – einer Strafverfolgung auszusetzen. Möglicherweise wäre Clahes zum Belastungszeugen geworden. Denn wegen der »Entmietung« und Deportation der Juden in Berlin ist Speer nie angeklagt und verurteilt worden. Es wäre in diesem Fall von Interesse gewesen, wenn es denn zu einem Verfahren gekommen wäre, sieht man einmal davon ab, dass es im Falle Clahes von Todes wegen zu einem Unwert-Urteil gekommen wäre. Speer, so ist bekannt, war auch finanziell der Profiteur der Repressalien gegen und der Verfolgung von Juden. Als Chef einer Behörde verkörperte er eine Organisation und beauftragte leitende Beamte mit der Erledigung bestimmter Aufträge, hier der »Entmietung« und Räumung von Immobilien.

Handeln kraft Organisationsherrschaft

Eine Tat setzt einen Täter voraus, der entweder fahrlässig oder willentlich und wissentlich, d.h. vorsätzlich, tätig wird und eine Straftat begeht (§25 StGB). Diese Definition bezeichnet (zunächst einmal) auch den Täter, der die Tat gegen das bestehende Rechtssystem begeht. Das war aber im Falle des Handelns der Generalbauinspektion und ihrer Durchführungsstelle nicht der Fall. Vielmehr handelte man mit ausdrücklicher Billigung der Partei, die sehr bald nach der Machtergreifung eine Einheit mit der staatlichen Organisation bildete. Nach dem Kriege tat sich die Rechtsprechung bei der Aburteilung nationalsozialistischer Verbrechen sehr schwer. Ursächlich dafür waren die korrupte oder fehlende Aktenlage oder mangelnde Zeugen, aber wohl auch die Involviertheit von Juristen in das untergegangene System.

Roxin hat ausgeführt, dass die Anwendung des §25 StGB bei der Beurteilung der Täter und deren Taten nicht in vollem Umfange hilfreich war und aus diesem Grunde den Begriff der »Organisationsherrschaft« als ein begründendes Tatmerkmal eingeführt, in der ein Hintermann, ausgestattet mit Willensherrschaft, die Taten plant. Die Organisationsherrschaft setzt nach Roxin einen Apparat voraus, der sich zur Erreichung bestimmter Ziele »als Ganzes vom Recht gelöst hat«, was allerdings nicht bedeutet, dass auch in anderen Bereichen des gesellschaftlichen Lebens rechtstaatliche Prinzipien angetastet wurden,[373] wobei die Tatbestandsverwirklichung – in unserem Falle Entmietung, Entsiedlung und deren Folgen – unter bestimmten vom herrschenden System geschaffenen Bedingungen durchgeführt wurde. Zunächst wurden die Juden, die ja per Gesetz die Reichsbürgerschaft verloren hatten, nach Übertragung ihres Vermögens an den Staat zur Emigration getrieben. Nur wenig später fanden ebenfalls auf der Grundlage von Reichsgesetzen Entmietung und Entsiedlung statt, deren finale Folge, der Tod in den KZs, eine geradezu automatisch verlaufende Tatbestandsverwirklichung darstellte, die in immer radikaler werdendem Umfang durchgeführt wurde. Dazu konnte es kommen, weil der Generalbauinspektor, also Albert Speer, als Hintermann direkt und uneingeschränkt die Rahmenbedingungen, die durch die Organisationsstruktur bedingt waren, skrupellos ausnutzte.

»Die Tatherrschaft kraft ‚organisatorischer Machtapparate' tritt als dritte selbständige Form der mittelbaren Täterschaft auf. Sie ist der Prototyp für eine Konstellation des Täters hinter dem Täter'...«.[374] In unserem Falle hat es eine Anzahl von Tätern hinter den Tätern, also den Hintermännern hinter dem jeweiligen Hintermann, gegeben: Speer – Hettlage – Zörner – Clahes – Dr. Fränk – Fiedler – Mietzner – Rönneburg. Roxin führt aus, dass Anweisender und Ausführender »(...) einander in der Regel nicht einmal kennen und auch niemals kennenlernen werden«. Die Definition lässt – in der Regel – eine Ausweitung, d.h. den Einschluss mehrerer Täterpersonen, zu. Speer entschied über »Ob« und »Wie« der Entmietung und auch sicher über die Deportation, die von SS und Reichsbahn ausgeführt wurde. Zörner, solange er Präsident der Durchführungsstelle war, Hettlage als sein Nachfolger und Clahes führten die geplanten Maßnahmen selbstständig durch. Speer, Zörner, Hettlage und Clahes wie auch Fiedler, Mietzner und Rönneburg verfügten über Tatmacht und Gestaltungsherrschaft, da auch sie die Schalthebel der Macht bedienten. Auf die Mitwirkung der Dienststellen der Stadt Berlin soll hier nicht eingegangen werden. Diese Täter sind »zahlreichen organisationsspezifischen Einflüssen unterworfen, die ihn (in unserem Falle nach Erweiterung um mehrere Täter: sie) aber noch ‚tatbereiter' machen (...) und die insgesamt gesehen, die Erfolgswahrscheinlichkeit einer Anweisung erhöhen und zur Tatherrschaft der Hintermänner beitragen«.[375] Roxin führt weiter und auf die Geschehnisse in der Generalbauinspektion und deren Abteilungen sicherlich übertragbar aus: »Es wird erwartet, dass die einzelnen Mitglieder (der Organisation, Anm. d. Verf.) sich einfügen«. Das kann zu einem gedankenlosen Mitmachen bei Handlungen führen, die einem nicht in eine solche Organisation eingegliederten Menschen nie in den Sinn kämen.

Ein organisationstypisches Phänomen ist aber auch dienstwilliger Übereifer, sei es aus Karrierestreben, sei es aus Geltungsbedürfnis, aus ideologischer Verblendung oder auch auf Grund sadistischer oder sonst krimineller Impulse, denen das Mitglied einer solchen Organisation ungestraft nachgeben zu können glaubt. Nicht von der Hand zu weisen ist die Gültigkeit dieser Beschreibung für den genannten Täterkreis: Mit Sicherheit hat es »Anpassungstendenzen« gegeben, die sich für Clahes seit seiner Zeit als besoldeter Stadtrat in Braunschweig nachweisen lassen. Ob Clahes und seine ihm nachgeordneten Dezernenten und Referenten lediglich die Anweisungen, die sie bekamen, so es solche laufend und nicht nur einmal als Generalanweisung gegeben hat, gedankenlos oder karrierebewusst, aus ideologischer Verblendung oder in der Überzeugung, »wenn nicht wir tätig werden, dann tut es ein anderer«; ist unerheblich. Es ist Roxin beizupflichten, der ausgeführt hat: »Alle diese Faktoren (...), die Schuld und Verantwortlichkeit des unmittelbar Ausführenden nicht ausschließen, (...) laufen doch in einem Punkt zusammen: Sie führen zu einer organisationsbereiten Tatbereitschaft der Mitglieder, die neben ihrer Auswechselbarkeit für die Hintermänner ein wesentliches Element der Sicherheit ist, mit der sie auf die Durchsetzung ihrer Anordnungen vertrauen können«.[376] Demnach ist Clahes mittelbarer Täter wie auch sein Chef Speer und die anderen bereits genannten Mitarbeiter. Clahes hat frei, unmittelbar und eigenhändig gehandelt. Seinem Chef, Speer, war es bei der Ausübung der Vielzahl von Ämtern und den damit verbundenen Verpflichtungen und Aufgaben gar nicht möglich, sie in eigener Person zu bewältigen. Er musste Mitarbeiter finden, auf die er sich bedingungslos verlassen konnte. Speer erteilte Clahes kraft der ihm zukommenden Willensherrschaft Anweisungen auf der Grundlage des nationalsozialistischen Machtapparates, der ihm zur Verfügung stand. Clahes hat die ihm übertragene komplexe Aufgabe, die Freimachung der Stadt Berlin von jüdischen Einwohnern, gelenkt von willfährigem Eifer ideologischer Überzeugung, durchgeführt, Anweisungen an seine Dezernenten und

Referenten erteilt, die diese dann in die Tat umsetzten. Man arbeitete und bewegte sich in einem Ordnungssystem, das Gesetze und Rechtsgrundlagen außerhalb der Naturgesetze schuf, soweit diese Gesetze und Rechtsgrundlagen diesem System zu Machtausübung und Machterhalt opportun erschienen. Sollte es denn überhaupt und möglicherweise Zweifel an der Rechtmäßigkeit des Handelns gegeben haben, so konnte man immer noch angeben – und das war in der Nachkriegszeit bis in die späten Jahre der Bundesrepublik Deutschland ein immer wieder vorgetragenes Argument – das Handeln sei angeordnet gewesen – als häufig geäußerter Hinweis auf einen sog. Befehlsnotstand. Clahes verhielt sich bei seiner Entnazifizierung nicht viel anders als viele andere ebenfalls Betroffene: Er gab für seine rasanten Parteiwechsel von der DVP über die DNVP zur NSDAP keinerlei Begründung. Aus der Tätigkeit als Kreisamtsleiter wurde eine Tätigkeit als stellvertretender Kreisamtsleiter und in seinen Nebentätigkeiten, soweit er sie überhaupt angab, sah er in keinem Fall eine Tätigkeit für die NSDAP.

Clahes war Täter in mittelbarer Täterschaft. Für ihn gilt im Analogieschluss, was das Bezirksgericht in Jerusalem im Urteil gegen Eichmann formulierte, »(...) daß die Nähe oder Entfernung des Einen oder des Anderen dieser vielen Verbrecher zu dem Mann, der das Opfer schließlich tötete, überhaupt keinen Einfluss auf die Verantwortlichkeit haben kann«.[377] Clahes hat nicht selbst getötet, aber er wusste um die Konsequenzen der Judenverfolgung im Dritten Reich, ebenso wie alle anderen, insbesondere aber sein Chef Albert Speer,[378] die an diesen Aktionen im wahrsten Sinne des Wortes als Schreibtischtäter federführend oder ausführend tätig waren.

Wenn auch der Austausch von Personen – ich nenne sie hier einmal wertneutral »Mitarbeiter« – denkbar gewesen wäre, so war er in diesem Falle nicht nötig, weder für die Generalbauinspektion noch für das Ministerium Speer, das hier unberücksichtigt bleibt.

Spruchkammerverfahren waren keine Strafverfahren. Mit dem Spruch, auch Urteilsspruch genannt, ordneten sie den Beschuldigten nach Schweregrad seiner Beteiligung im nationalsozialistischen

System in Kategorien ein. Die Kammern legten Bußen fest, die sich am Schweregrad der Verflochtenheit in das System und der Betroffenheit des Einzelnen orientierten. Demnach wäre Clahes, wie schon ausgeführt, in die Kategorie der Hauptschuldigen eingeordnet und demnach sein Vermögen bis auf die lebensnotwendigen Dinge eingezogen worden. Clahes hätte die Einweisung in ein Lager zu gewärtigen gehabt wie auch das lebenslange Verbot, ein öffentliches Amt auszuüben, wenn denn der Spruch rechtskräftig geworden wäre. Das war, wie bereits ausgeführt, nur sehr selten der Fall.

Sehr viel delikater – um es einmal so auszudrücken – wäre ein Verfahren gewesen, dem sich sein Chef und er selber wegen ihrer Handlungen gegen jüdische Mitbürger hätten stellen müssen. Das aber unterblieb. In dem bereits zitierten undatierten Schreiben, unter dem Betreff »Gegenbescherung« hatte Speer sich irrigerweise der Ansicht hingegeben und das auch launig, man könnte auch sagen, schnoddrig formuliert: »Durch meine Totalerklärung umfassender Verantwortlichkeit ist bei mir wohl ‚alles incl'«. Das war an sich ein eklatanter Fehler, der so lange nicht auffiel, wie die ungefälschte Chronik verschwunden blieb. So konnte Speer die Tätigkeiten, die Clahes zielgerichtet ausgeführt hatte, und dessen Nähe zu ihm verschweigen. Und Clahes verschwieg seine Nähe zu Speer, verlor kein Wort über seinen Arbeitsbereich und tauchte offensichtlich bis zu seinem Entnazifizierungsverfahren im Jahre 1948 unter. Beide wussten um das von ihnen begangene Unrecht und konnten aufgrund der wirren Nachkriegszeit darauf hoffen, dass belastendes Material verschollen blieb. Hätte sich das belastende Material zu Zeiten des Nürnberger Prozesses auffinden lassen, wären beide in Nürnberg wegen Verbrechen gegen die Menschlichkeit zum Tode verurteilt worden.

Wäre nach Bekanntwerden der Straftaten in der Bundesrepublik ein Verfahren gegen Clahes geführt worden, so wären, ähnlich wie im Verfahren gegen Adolf Eichmann in Jerusalem, dem Täter, also Clahes, Handeln kraft Organisationsherrschaft vorgeworden worden. Man muss bei Überlegungen zu einem potentiellen Verfahren gegen Clahes – oder auch gegen Speer – nicht nach Jerusalem sehen. Ein Analogieschluss ist möglich aufgrund des Verfahrens vor dem BGH, in dem es um den Schießbefehl an der Mauer ging. Angeklagt waren Kleiber, Krenz und Schabowski. In einer verkürzten, nicht auf die juristischen Feinheiten eingehenden, gleichwohl das Wesentliche enthaltenden Sachverhaltsdarstellung soll die Grundlage des Verfahrens verdeutlicht werden. Den Angeklagten wurde vorgeworfen, durch ihre (mit-)verantwortliche Beteiligung an den Beschlüssen des Politbüros der SED schuldig am Tod dreier Flüchtlinge zu sein, die ohne Gefährdung anderer die Grenze zur Bundesrepublik überschreiten wollten. Sieht man von den vor 1986 gefassten Beschlüssen zur Grenzsicherung ab, so ist ein ganz wesentlicher Beschluss in der Vorbereitung des vom 17.-21.4.1986 stattfindenden XI. Parteitags zur Sicherung der Grenzen der DDR gefasst worden.[379] Die Erfüllung dieses Beschlusses bestand in der Feststellung, »(…) daß jeder, der die DDR angreift, als Feind betrachtet und bedingungslos bekämpft werden muß«.[380] Seit dem X. Parteitag war »Klassenauftrag, die sozialistische Ordnung und das Leben der Bürger der DDR (…) gegen jegliche Angriffe zu schützen, die Souveränität der DDR, ihre territoriale Integrität, die Unverletzlichkeit ihrer Grenzen und ihre staatliche Sicherheit zu gewährleisten«. Damit wurde der »Klassenauftrag« erfüllt: Er war dem Befehl gleichzusetzen, »(…) daß weiterhin die Schusswaffe gegen einen Flüchtling anzuwenden sei, wenn anders das Überschreiten der Grenze nicht verhindert werden könne, und notfalls auch sein Tod in Kauf zu nehmen sei«.[381]

Die Beschlüsse des Politbüros aus den Jahren 1985 und 1986 bildeten die Grundlage für die Formulierung von insgesamt 33 Befehlen, die eine »Befehlskette« bildeten.[382] Diese waren auf der Basis der von einer Einheitspartei dominierten staatlichen Organisation zustande gekommen. Zielsetzung war, die Grenzanlagen in einem unüberwindbaren Zustand zu erhalten. Der dabei nicht auszuschließende Tod wurde billigend in Kauf genommen. Die Handlungen der genannten Angeklagten begründeten die Taterfolge.[383]

An dieser Stelle muss nochmals deutlich darauf hingewiesen werden, dass der »Klassenauftrag« nichts weiter war als ein durch Beschlüsse und Befehle verbrämter Schießbefehl: Denn: Wie anders hätte die Überschreitung der Grenze verhindert werden sollen?

In seinem Urteil vom 8.11.1999[384] lehnt sich der BGH an die von Roxin definierte Handlung kraft Organisationsherrschaft an, wenn er formuliert: »Der Hintermann eines uneingeschränkt schuldhaft handelnden Täters kann dann mittelbarer Täter sein, wenn er durch Organisationsstrukturen bestimmte Rahmenbedingungen ausnutzt, innerhalb derer sein Tatbeitrag regelhafte Abläufe auslöst. Derartige Rahmenbedingungen mit regelhaften Abläufen kommen insbesondere bei staatlichen (...) Organisationsstrukturen in Betracht. Handelt in einem solchen Fall der Hintermann in Kenntnis dieser Umstände, nutzt er insbesondere auch die unbedingte Bereitschaft des unmittelbar Handelnden, den Tatbestand zu erfüllen aus, und will der Hintermann den Erfolg als Ergebnis seines eigenen Handelns, ist er Täter in der Form mittelbarer Täterschaft. Er besitzt insbesondere die Tatherrschaft«.[385]

Soweit Auszüge aus der Sachverhaltsbeschreibung und dem Urteil des BGH gegen die Angeklagten Kleiber, Krenz und Schabowski, Angehörige und Vertreter eines anderen als des nationalsozialistischen Herrschaftssystems. Und doch ähneln sich die Grundlagen des Handelns, deren Durchführung sowie die Haltung der Täter. Speer setzte auf der Grundlage des Machtzentrums, dem er angehörte, eine Ablaufkette in Gang, die auf Gesetzen fußte, die neben dem gültigen normierten Recht staatlich sanktioniertes Unrecht zum Gesetz erhoben hatten. Mitglieder dieser Ablaufkette waren Clahes, Fiedler, Fränk, Hettlage, Batzer und andere bis hinunter zum SS-Mann, den die deportierten Juden als letzten sahen. Die Täter handelten in einer Entscheidungshierarchie, in die sie sich ohne Not für das eigene Leben begeben hatten und die sie ohne Gefahr für ihr eigenes Leben hätten verlassen können. Stattdessen unternahmen sie alles, was zur Aufrechterhaltung und auch zur Verbesserung der Abläufe möglich war.

Wenn nun in der DDR der Begriff »Klassenauftrag« die absolut verharmlosende Umschreibung für den Schießbefehl war oder gar das antizipierte Einverständnis der Klasse (der Arbeiter und Bauern), dann stellten im Analogieschluss die in der GBI gebräuchlichen Begriffe »Entmietung« und »Entsiedlung« Umschreibungen für die Deportation und den Mord an Juden dar. Dieses Ende wurde von den Beteiligten, den Amtschefs und Referenten der GBI billigend in Kauf genommen, da es eine Folge ihres Arbeitsergebnisses war.

Kleiber, Krenz und Schabowski wurden 1999 vom BGH gemäß §§212 I, 25 I Alt 2 StGB wegen Totschlags in mittelbarer Täterschaft zu Freiheitsstrafen verurteilt. Auch Clahes wäre genau wie sein Chef Speer und die anderen Mittäter um eine Freiheitsstrafe nicht herumgekommen.

Nachwort

Paul Otto Hermann Willi Clahes war kein Mann der ersten Reihe. Das war er nicht als Schüler, er brillierte nicht als Student und auch nicht in den Examina und machte dennoch in seiner absoluten Mittelmäßigkeit Karriere. Vielleicht war es gerade diese Mittelmäßigkeit, die den Aufstieg ermöglichte.

Nach einem zweimaligen Wechsel der Parteien trat er 1932 in die NSDAP ein und war – wenn man es einmal salopp ausdrückt – mit den Gepflogenheiten dieser Partei, der es um nichts Anderes als um Machterwerb und Machterhalt und den Aufbau antidemokratischer Strukturen um jeden Preis ging, bestens vertraut. Denn gerade in Braunschweig zeigte die NSDAP bereits vor 1933, zu welchen Taten und Verbrechen ihre Mitglieder fähig waren. Dies scheint ihn weder gestört noch angerührt zu haben.

Zu vermuten ist, auch wenn es an keiner Stelle belegt ist, dass die Verbindung zu Ernst Emil Zörner, dem Schulfreund und Kriegskameraden aus den gemeinsamen Zeiten im Reserve-Infanterieregiment 208, niemals abgerissen ist. Zörner, »alter Kämpfer«, Landtagspräsident in Braunschweig, später Vize-Präsident des Reichstages, verwendete sich für seinen alten Freund bei Speer. Man bildete das, was man gemeinhin eine Seilschaft nennt.

Innerhalb kürzester Zeit avancierte Clahes aus diesem Grunde zum Stellvertreter Zörners und damit zum stellvertretenden Amtschef der Durchführungsstelle, eine Position, die er auch nach dem Weggang Zörners bis zu seiner Abordnung in das Rüstungsministerium 1942 innehatte. Dort war er für die kriegswichtige Generatorenfertigung zuständig und half dadurch, den Krieg zu verlängern.

Nach Kenntnis des Sachverhalts steht außer Zweifel, dass Clahes seine Tätigkeit, die Entmietung, Entsiedlung und Arisierung jüdischen Wohnungseigentums konsequent, skrupellos und nach Aktenlage durchführte. Clahes hatte Macht und er übte sie aus. Als Teilnehmer an der berüchtigten Wannsee-Konferenz war ihm das Schicksal der von ihm vertriebenen Juden ebenso bekannt wie seinem Chef Albert Speer.[386]

Der Sturz 1945 war tief. Am 21.4.1945, einen Tag nach Hitlers Geburtstag und nicht erst nach dessen Selbstmord, verließ Clahes in möglicherweise richtiger Einschätzung der kommenden Dinge Berlin. Vizepräsident war er nun nicht mehr, seiner Stellung, seiner Macht und seines Einflusses verlustig. Die Frage ist, was in einem Menschen, dem der bis dahin sicher geglaubte Boden unter den Füßen weggezogen wird, in einer derartigen Situation vor sich geht. Unsicherheit, panische Angst vor einer Bestrafung, die man erwartete? Wie anders sonst kann der dreijährige Aufenthalt mit der Familie auf Sylt verstanden werden?

Seiner Entnazifizierung stellte er sich 1948 in der amerikanischen Enklave Bremen. So bestimmend und zielgerichtet, wie er als stellvertretender Amtschef gehandelt hatte, so zielgerichtet betrieb er auch seine Erwiderung auf die Klageschrift des öffentlichen Anklägers in Bremen, als deren Ergebnis er in einer Art Selbstreflexion seine »völlige Entlastung« sah. Es gehört eine Menge – der Begriff ist dem Jiddischen entnommen – chuzpe in der negativen Konnotation des Begriffes dazu, seine eigene Schuld vom Hauptbelasteten (oder auch Aktivisten) zum völlig Entlasteten herunterzuschreiben.

Clahes war Jurist, ob nun ein guter oder schlechter mag dahingestellt sein. Auf jeden Fall wird ihm das Gesetz No. 8 (Gesetz zur Befreiung von Nationalsozialismus und Militarismus) ebenso bekannt gewesen sein wie die dazugehörigen Kommentare. Daher konnte er auf die in den Artikeln genannten Definitionen der einzelnen Kategorien, Vorwürfe und Tatbestandsmerkmale eingehen und unter Verwendung der dort gebräuchlichen Begriffe seine Beteiligung am nationalsozialistischen Herrschaftssystem in seiner ganzen Tragweite verharmlosen, so dass am Ende seiner Erwiderungsschrift die vollkommene Reinwaschung stattgefunden hatte. Wenn man Nationalsozialist gewesen war, dann aber allenfalls nur nominell. Von dem strammen Nationalsozialisten war nichts übrig geblieben, larmoyant beklagte er seine Arbeitsunfähigkeit und die vollkommene Mittellosigkeit seiner Familie.

Beabsichtigt – und entsprechende Persilscheine sind nachgewiesen worden – war die Wiedereingliederung in den öffentlichen Dienst. Und diese war zumindest 1948 nur dann ohne Schwierigkeiten möglich, wenn man als Unbelasteter aus dem Entnazifizierungsverfahren herauskam. Clahes hat übrigens an keiner Stelle auf eine Wiedereinstellung gedrängt. Man ging mit einer gewissen Raffinesse vor, indem man sich Persilscheine ausstellen ließ, in denen betont wurde, dass der Empfänger der eidesstattlichen Erklärung durchaus eine Persönlichkeit sei, der »(...) man (...) die Gelegenheit zur Mitarbeit im heutigen Staat geben sollte, weil ich ihn für eine wertvolle Persönlichkeit halte«.[387]

Man muss sich also nicht auf Spekulationen einlassen. Hätte Clahes seinen Unfall überlebt, wäre er wie viele andere auch wieder in den öffentlichen Dienst und dort in eine herausgehobene Position gelangt.

Weil das System und dessen Führer, auf den er einen persönlichen Eid geleistet hatte, nicht mehr existierten, wendete sich Clahes dem neuen System zu, seinen »sozialistischen Freunden«, wie er sie nannte.[388] Er war offensichtlich bereit, die Normen und Wertvorstellungen des untergegangenen Systems mit denen des neuen Staates zu tauschen. Die Wende konnte aus seiner Sicht nahtlos, ohne Bruch vonstatten gehen. Damit war Clahes kein Einzelfall.

Zeittafel

Paul Otto Hermann Willi Clahes

*19.07.1895	in Braunschweig
†21.10.1948	Hahn b. Rastede
4.8.1914	Notabitur in Braunschweig
1914 -1917	Teilnahme am 1. Weltkrieg Teilnahme an drei Feldzügen Verwundung, Entlassung als Oberleutnant
1919	Mitglied der DVP (bis 1928)
1917-1920	Jurastudium in Göttingen und Leipzig
22.12.1920	1. Staatsexamen; Note IIIb
13.1.1921-4.2.1923	Referendariat in Braunschweig
5.2.-11.7.1923	Vorbereitung auf das Assessorenexamen
14.7.1923	2. Staatsprüfung: Note IIIb
25.7.1923	Regierungs-Assessor Kreisdirektion Holzminden
8.11.1923	Regierungs-Assessor Kreisdirektion Braunschweig
1.3.1925	außerplanmäßiger Beamter
1926	Vorsitz Mieteinigungsausschuss Thedinghausen
8.11.1927	Regierungsrat in Braunschweig
Mai 1928	Vertretung des Kreisdirektors
1929	Heirat mit Irmgard Graalfs
1929	Wechsel zur DNVP (bis 1931)
1.1.1931	* Tochter Irene
1.4.1931	Leiter des Landesfürsorge- und Landes-Jugendamtes

November 1931	Gründung der Braunschweiger Notgemeinschaft der späteren N.S.V.; Clahes Geschäftsführer
5.5.1932	Mitglied der NSDAP (bis 1945)
1.10.1932	Stadtrat in Braunschweig
12.2.1935	* Sohn Eberhard
1.4.1936	Bürgermeister in Braunschweig, (ständiger Vertreter des Oberbürgermeisters)
1936-1937	Bau eines Hauses in Braunschweig
10.6.1938	Abordnung zur Generalbauinspektion nach Berlin, zur Durchführungsstelle
1939	Bau eines Hauses in Berlin-Zehlendorf-West
1.4.1939	Vizepräsident der Durchführungsstelle
1942	Übernahme ins Reichsministerium für Bewaffnung und Munition
1943-1945	Frau und Kinder in Klosterlausnitz/Thür.
21.4.1945	Clahes und Familie in Kampen/Sylt
1948	Umzug nach Bremen
+21.10.1948	Unfalltod
1963	Veräußerung des Hauses in Berlin durch die Witwe

Abkürzungsverzeichnis

BA Berlin	Bundesarchiv Berlin
BA Koblenz	Bundesarchiv Koblenz
BEL	Bürgerliche Einheits-Liste
DVP	Deutsche Volkspartei
DNVP	Deutschnationale Volkspartei
GBI	Generalbauinspektion, Generalbauinspektor
LA Berlin	Landesarchiv Berlin
NSDAP	Nationalsozialistische Deutsche Arbeiterpartei
N.S.V	Nationalsozialistische Volkswohlfahrt, Schreibweise nicht eindeutig; bisweilen auch: NSV
NS	Nationalsozialistische …
OT	Organisation Todt
PA (Clahes)	Personalakte Clahes, Stadtarchiv Braunschweig
RGBl	Reichsgesetzblatt
RMBl	Reichsministerialblatt
SpKA	Akte der Spruchkammer Bremen, Staatsarchiv Bremen
RuPrMinin	Reichs- und Preußisches Ministerium des Innern
RuPrMi	Reichs- und Preußisches Ministerium des Innern
WHW	Winterhilfswerk

Literatur

Quellen/Archive

BA Berlin: R4606/157, 3432, 3437, 3440, 4654, 4638, 4673

BA Koblenz: NL318/1, RII 1187 b

LA Berlin: APr.Br.Rep 107, 280

LA Bremen: 38434/48 III Sp B 34/48

LA Wolfenbüttel: 57 Nds 87g 59/2007

Stadtarchiv Braunschweig E 11 II C135

ungedruckte Quellen:

www.dorsten-unterm-hakenkreuz.de

Chronik der Speerdienststellen

gedruckte Quellen:

Zeitungen und Zeitschriften:

Braunschweiger Nachrichten

Braunschweiger Tageszeitung

Deutsche Juristenzeitung

Neue Juristische Wochenschrift

Zeitschrift für Strafrechtsdogmatik

gedruckte Literatur:

Ambrosius, L., **Rengier**, H., **Löns**, J.; Kommentar, Gesetz zur Regelung der Rechtsverhältnisse der unter Artikel 131 des Grundgesetzes fallenden Personen, einschließlich der hierzu ergangenen Rechtsverordnungen, Verwaltungsvorschriften, Richtlinien, Rundschreiben und Stellungnahmen der obersten Bundesbehörden, des Abschnitts VIII des DBG nebst DV und AB, der für den Bereich der Länder ergangenen Anpassungsgesetze, Zuständigkeitsregelungen und Entnazifizierungsschlußgesetze sowie der sonstigen zur Bearbeitung des Ges. Art. 131 erforderlichen Vorschriften nach dem Stande vom 1. Oktober 1952, in: Ambrosius, L. (Hg.), Grundriß des Verwaltungsrechts, Bd. 22 a, 1952, Tübingen

Brand, Arthur; Die Reichsdienststrafordnung (RDStO) vom 26. Januar 1937 mit der amtlichen Begründung der Durchführungs- und Ergänzungsvorschriften, 1937, Berlin

Breloer, Heinrich; Die Akte Speer, Spuren eines Kriegsverbrechers, C 2006, Berlin

Brosche, Walter; Gesetz zu Artikel 131 GG, i.d.F. vom 21.8.1961 in synoptischer Darstellung mit Schaubildern. 3. Aufl. o.J., o.O.

Buschmann, Friedrich; Dienstlicher Bericht über die Entnazifizierung in Bremen; in: Drechsel, Wiltrud Ulrike, Röpcke, Andreas, „Denazification", Zur Entnazifizierung in Bremen, Beiträge zur Sozialgeschichte Bremens, Bd. 13, 1992, Bremen

Gerber, Hans; Auf dem Weg zum neuen Reiche, Eine Sammlung politischer Vorträge und Aufsätze aus deutscher Notzeit 1919-1931, 1934, Stuttgart

ders.: Politische Erziehung des Beamtentums, 1933, Tübingen

ders.: Staatsrechtliche Grundlinien des neuen Reichs, 1933, Tübingen

ders.: Freiheit und Bindung der Staatsgewalt, 1932, Tübingen

Hesse, Hans; Konstruktionen der Unschuld, Die Entnazifizierung am Beispiel von Bremen und Bremerhaven 1945-1953, in: Hofmeister, Adolf E., (Hg.) Veröffentlichungen aus dem Staatsarchiv der Freien Hansestadt Bremen, Bd. 67, Bremen, 2005

Huber, Ernst Rudolf; Verfassungsrecht des Großdeutschen Reiches, 2. stark erw. Auflage, o.J., C 1937/39, Hamburg

Kiekenap, Bernhard; Hitlers und Himmlers Henker, Der SS-General aus Braunschweig, Biografische Notizen über Friedrich Jeckeln (1895-1946), 2013, Braunschweig

Klee, Ernst; Persilscheine und falsche Pässe, Wie die Kirchen den Nazis halfen, 1991, Frankfurt/M.

ders.: Das Personenlexikon zum Dritten Reich, Wer war was vor und nach 1945, 3. Aufl. 2011, Frankfurt/M.

Koellreutter, Otto; Das Wesen der Spruchkammern und der durch sie durchgeführten Entnazifizierung, Ein Rechtsgutachten,1954, Göttingen

Langhorst, Wolfgang; Beamtentum und Artikel 131 des Grundgesetzes. Eine Untersuchung über Bedeutung und Auswirkung der Gesetzgebung zum Artikel 131 des Grundgesetzes unter Einbeziehung der Position der SPD zum Berufsbeamtentum, Reihe III, Geschichte und ihre Hilfswissenschaften, Bd./Vol. 618, 1994, Frankfurt/M.

Müller, Heinrich; Beamtentum und Nationalsozialismus, 7. Aufl. 1933, München

Neef, Hermann; Deutsches Beamtentum, 1942, Berlin

Nörr, Knut Wolfgang; Zwischen den Mühlsteinen, eine Privatgeschichte der Weimarer Republik, 1988, Tübingen

Pokorny, Karl; Kommentar zum Gesetz zur Befreiung von Nationalsozialismus und Militarismus nebst Ausführungsbestimmungen, Durchführungsverordnungen, Nebengesetzen, einem Schlagwortregister und Organisationstafeln, 1946, Frankfurt/M.

Rebenich, Stefan; C.H. Beck 1763-2013, Der kulturwissenschaftliche Verlag und seine Geschichte, 2013, München

Reichhardt, Hans J.; Schäche, Wolfgang; Von Berlin nach Germania, über die Zerstörungen der „Reichshauptstadt" durch Albert Speers Neugestaltungsplanungen, völlig neue und erw. Neuauflage C 1998, Berlin

Remarque, Erich Maria; Im Westen nichts Neues, 1. Aufl. 1928

Roxin, Claus; Täter und Tatherrschaft, 1989

ders.: Organisationsherrschaft und Tatentschlossenheit, Zs. f. internationale Strafrechtsdogmatik, H. 7, 2006

Scheerbarth, Rudolf; Kommentar zum Gesetz zur Befreiung von Nationalsozialismus und Militarismus, 1947, Haag a.d. Amper

Schiefer, Jörg-Michael; Architekt, Generalbauinspektor und Rüstungsminister, Gespräche mit Albert Speer 1971-1975, 2013, Göttingen

Schmidt, Matthias; Albert Speer, Das Ende eines Mythos, Die Aufdeckung seiner Geschichtsverfälschung, Speers wahre Rolle im Dritten Reich, 1982, Bern, München

Schmitt, Carl; Der Führer schützt das Recht, DJZ, 1.8.1934, 39. Jahrg., Sp. 945-950

Sereny, Gitta; Das Ringen mit der Wahrheit, Albert Speer und das deutsche Trauma, 1995, (aus dem Englischen übers. v.: Helmut Dierlamm, Klaus Fritz u. Norbert Juraschitz) 1995, München

Schraffstetter, Susanna; Verfolgung und Wiedergutmachung, Karl M. Hettlage: Mitarbeiter von Albert Speer und Staatssekretär im Bundesfinanzministerium, in: Vierteljahreshefte für Zeitgeschichte, Jahrgang 56, H. 3, 2008, S. 431-464

Speer, Albert; Erinnerungen, 8. Aufl. 1970, Berlin

ders.: Der Sklavenstaat, Meine Auseinandersetzung mit der SS, C 1981, Stuttgart

van der Vat, Dan; Der gute Nazi, Leben und Lügen des Albert Speer, 1997, (aus dem Englischen übers. v.: Kurt Baudisch und Frank Jankowski), Berlin

Weber, Max; Wirtschaft und Gesellschaft der Verstehenden Soziologie, besorgt v. Johannes Winckelmann, 5. revid. Aufl. 1980, Tübingen

Weber, Werner; Der politische Eid, DJZ, 1936

Willems, Susanne; Der entsiedelte Jude, Albert Speers Wohnungsmarktpolitik für den Berliner Hauptstadtbau, 2002, Berlin

Abbildungsnachweis

- Umschlagabbildungen außen:

Fotografie Clahes: Privatbesitz

NSDAP-Zentralkartei: Bundesarchiv Berlin

- Umschlagabbildung innen: Org.-Plan der GBI:
  Reichhardt, H.J.; Schäche, W.
  Von Berlin nach Germania, Berlin 1989

Seite 31: BA Berlin (Clahes' Foto 1934)

Seite 47: BA Berlin (Org.-Plan der Durchführungsstelle)

Seite 69: BA Berlin (Entmietungsformular)

Anmerkungen

[1] Speer, Albert, 9.3.1905-1.9.1981, Architekt, Generalbauinspektor, Rüstungsminister, 1945 Wirtschaftsminister in der Geschäftsführenden Regierung Dönitz, 1946 im Nünberger Hauptkriegsverbrecherprozess zu 20 Jahren Haft verurteilt; Verfasser zahlreicher apologetischer Schriften

[2] Speer, Albert, Der Sklavenstaat, Meine Auseinandersetzung mit der SS. 1981, Stuttgart. Die Annahme von Speers bewusster Vergesslichkeit wird durch die Tatsache gestützt, dass Speer sich an kaum einen seiner Mitarbeiter aus der Durchführungsstelle erinnerte, sieht man von der Person Dr. Fränk einmal ab. Fränk wird in den »Erinnerungen« als »Chef der Verwaltung meines Ministeriums« (S. 117), nicht aber als Vizepräsident der Durchführungsstelle benannt. In der Publikation »Der Sklavenstaat« bezeichnet ihn Speer als »alter Mitarbeiter« (S. 340, 349), als seinen »Vertreter« (S. 567, Fußnote 11). Bohr wird als Personalchef genannt, aber nicht als Leiter der Abt. II, 7, Hille, den Zörner aus Dresden angefordert hatte, als Verwaltungsdirektor. Von den anderen Abteilungsleitern und Referenten wie Paul Batzer, Dickmann, Fiedler, Mietzner, Neikes, Rönneburg, Schelkes und Stephan ist nicht die Rede. Damit hatte Speer alles Mögliche getan, um die Existenz der Durchführungsstelle (Kap.: Die Durchführungsstelle der Generalbauinspektion) zu verschweigen

[3] Hitler, Adolf, Führer und Reichskanzler, 20.4.1889-30.4.1945 Suizid in Berlin

[4] Himmler, Heinrich, 7.10.1900-23.5.145 Suizid in Lüneburg, Diplom-Landwirt, Reichsführer SS, Chef der Deutschen Polizei

[5] Heß, Rudolf, 26.4.1894-17.8.1987 Suizid in Berlin-Spandau, Stellvertreter des Führers, Reichsminister ohne Geschäftsbereich, Mitbestimmungsrecht bei Beamteneinstellungen

[6] Goebbels, Joseph, 29.10.1897-1.5.1945 Berlin, Suizid im Führerbunker, Reichsminister für Volksaufklärung und Propaganda

[7] Göring, Hermann, 12.1.1893-15.10.1946 Suizid in Nürnberg, Reichsmarschall und Inhaber zahlreicher dotierter Ämter

[8] Schacht, Hjalmar, 22.1.1877-3.6.1970, Bankier, Reichsbankpräsident, Reichswirtschaftsminister, bis 1943 Minister ohne Geschäftsbereich

[9] Papen, Franz von, 29.10.1879-2.5.1969, Offizier, Zentrumspolitiker, Reichskanzler 1932, Vizekanzler 1933-1934, danach Gesandter und Botschafter, 1959 Päpstlicher Geheimkämmerer

[10] Kammler, Hans, 26.8.1901-?, Dr.-Ing., zuständig u.a. für das Bauwesen, Speer unterstellt, verantwortlich für Produktion von Jagdflugzeugen, ebenso für V-Waffen in Peenemünde und Dora-Mittelbau

[11] Kaltenbrunner, Ernst, 4.10.1903-16.10.1946 Hinrichtung Nürnberg, Chef des Reichssicherheitshauptamtes und des SD

[12] Müller, Heinrich, 28.4.1900-29.4.1945 verschollen, SS-Gruppenführer und Generalleutnant der Polizei, Teilnehmer der Wannseekonferenz v. 20.1.1942

[13] Eichmann, Adolf, 19.3.1906-1.6.1962 Hinrichtung in Ramleh/Tel Aviv; ab 1934 im Judenreferat des SD-Hauptamts, 1940 Leiter des Judenreferats im RSH, Teilnehmer an der Wannseekonferenz v. 20.1.1942

[14] Sterbeurkunde Nr. 192/1948, vom 4.11.1948, ausgestellt vom Standesamt Rastede; Original im Stadtarchiv Bremen, Bl 5a der Akte zum Spruchkammerverfahren (künftig zitiert: SPKA); Kopie im Besitz des Verfassers

[15] Hettlage, Karl-Maria, 28.11.1902-3.9.1995, Jurist, 1930 Geschäftsführer und Finanzdezernent des Deutschen Städtetages, Privatdozent, 1932/33 MdL f. d. Zentrum, 1934 Stadtkämmerer in Berlin, 1936 Professor a. d. Wirtschaftshochschule Berlin, 1938-1951 im Vorstand der Commerzbank, 1938 SS-Hauptsturmführer und Mitarbeiter Speers, während des Krieges Chef d. Wirtschafts- und Finanzabteilung im Rüstungsministerium, Internierung mit Speer, W. v. Braun und anderen Industriellen, 1967-1969 Staatssekretär im Bundesfinanzministerium unter F.-J. Strauß

[16] Zörner, Ernst Emil, 27.6.1895-1945 verschollen, 1960 für tot erklärt, nach Volksschulbesuch Wechsel a. d. Herzogl. Realgymnasium, Kaufmannslehre, 3 Sem. Höhere Handelsschule, Teilnahme am 1. Weltkrieg, 1922 Mitbegründer der NSDAP in Braunschweig, 1924 Gründung einer Kaffeerösterei, Karriere in der NSDAP, 1932 MdR, 1933 Vizepräsident d. Reichstages, mit Carl Heimbs u. Heinrich Wessel Tätigkeit f. d. Einbürgerung Hitlers, 1933-1939 Oberbürgermeister von Dresden, 1938 Präsident der Generalbauinspektion (GBI) Speers in Berlin, 1939 Bürgermeister von Krakau, 1940 Distriktsgouverneur von Lublin, 1943 des Postens enthoben

[17] Nürnberger Prozesse: Prozesse gegen die Hauptkriegsverbrecher vor dem Internationalen Militärgerichtshof in Nürnberg sowie die 12 Folgeprozesse gegen Verantwortliche im Deutschen Reich in der Zeit vom 20.11.1945 bis zum 14.4.1949

[18] Lt. Meldebogen C3863, eingeliefert am 26.8.1948, Bl. 1 der SPKA, Staatsarchiv Bremen

[19] s. tabellarischen und ausführlichen Lebenslauf der Tochter des Willi Clahes, Irene Clahes. Sie gibt noch im Jahre 1954, 6 Jahre nach dem Unfalltod ihres Vaters, dessen Beruf mit »Regierungsrat« an, ohne Amt und Funktion, das Clahes in Berlin ausübte, zu nennen. Kopien im Besitz des Verf.

[20] Schiefer, Jörg-Michael. Architekt, Generalbauinspektor, Rüstungsminister, Gespräche mit Albert Speer 1971-1975, 2013, Göttingen, S. 88

[21] Speer, Albert, Erinnerungen, 8. Auflage 1970, Berlin

[22] Schmidt, Matthias, Albert Speer, Das Ende eines Mythos, Die Aufdeckung seiner Geschichtsverfälschung, Speers wahre Rolle im Dritten Reich,1981, Bern, München, S. 216

[23] van der Vat, Dan, Der gute Nazi, Albert Speers Leben und Lügen, (Schutzumschlag anders lautend: Der gute Nazi, Leben und Lügen des Albert Speer) in der Übersetzung aus dem Englischen von Kurt Baudisch und Frank Jankowski,1997, Berlin, S. 149

[24] Willems, Susanne, Der entsiedelte Jude, Albert Speers Wohnungsmarktpolitik für den Berliner Hauptstadtbau, in: Wolfgang Scheffler, Gerhard Schoenberner (Hg.). Publikationen der Gedenk- und Bildungsstätte, Haus der Wannsee-Konferenz, 2002, Berlin: Edition Hentrich, Bd. 10, S. 474 Register, (künftig zit. als: Willems, Der entsiedelte Jude)

[25] Reichhardt, Hans J., Schäche, Wolfgang, Von Berlin nach Germania, Über die Zerstörungen der »Reichshauptstadt« durch Albert Speers Neugestaltungsplanungen, völlig überarb. u. erw. 1998, Berlin, (künftig zit. als: Von Berlin nach Germania)

[26] S. Meldekarte, Stadtarchiv Braunschweig

[27] Hoover, John Edgar, 1.1.1895-2.5.1972, 10.5.1942-2.5.1972 Direktor des FBI

[28] Schickedanz, Gustav Abraham, 1.1.1895-27.3.1977, 1922 oder Anfang 1923 Firmengründung, 1932 Parteibeitritt NSDAP, 31.5.1949 durch die Spruchkammer als »Mitläufer« eingestuft.

[29] Horkheimer, Max, 14.2.1895-7.7.1973, Sozialphilosoph, Frankfurter Schule, Emigration in die USA

[30] Jünger, Ernst, 29.3.1895- 17.2.1998, Schriftsteller, Offizier, Insektenkundler, Kriegstagebücher, Essays, phantastische Romane, Gegner der Weimarer Republik, Haltung zum Nationalsozialismus nicht ganz eindeutig

[31] Bismarck, Otto Eduard Leopold von Bismarck-Schönhausen, 1.4.1815-30.7.1898, 1862-1890 Ministerpräsident von Preußen, 1867-1871 zugleich Bundeskanzler des Norddeutschen Bundes sowie von 1871-1890 1. Reichskanzler

[32] Nobel, Alfred Bernhard, 21.10.1833-10.12.1896, Chemiker und Erfinder des Dynamits

[33] Wilhelm II., Friedrich Wilhelm Viktor Albert von Preußen, 27.1.1859-4.6.1941 im Exil, Haus Doorn, Niederlande, 1888-1918 Deutscher Kaiser und König von Preußen

[34] Nord-Ostsee-Kanal, bis 1948 Kaiser-Wilhelm-Kanal, Länge 98,26 km, verbindet Nord- und Ostsee

[35] MIAG, Mühlenbau und Industrie Aktiengesellschaft ist ein Zusammenschluss von 4 Unternehmen: Mühlenbauanstalt und Maschinenfabrik vorm. Gebr. Seck, Maschinenfabrik für Mühlenbau, vorm. C.G.W. Kappler AG, G. Luther, Maschinenfabrik und Mühlenbau (Luther-Werke) sowie Braunschweiger Mühlenbauanstalt Amme, Giesecke und Konegen

[36] Verfügung des Herzoglichen Staatsministeriums v. 2.8.1914, Seite 1 des Reifezeugnisses Clahes', Niedersächsisches Staatsarchiv Wolfenbüttel

[37] Bl. 2 d. Reifezeugnisses, Niedersächsisches Staatsarchiv Wolfenbüttel

[38] Remarque, Erich Maria (eigentlich: Remark), Im Westen nichts Neues, 1. Aufl. 1929, Berlin

[39] Pensionsnachweisung vom 25. Juni 1917, Personalakte Clahes, (künftig zit.: PA Clahes), Stadtarchiv Braunschweig, Blatt nicht nummeriert, sämtliche Schlachten,

an denen Clahes teilnahm, werden angeführt, die Dauer seiner Teilnahme ebenfalls

[40] Schreiben des Versorgungsamtes Braunschweig an die Kreisdirektion Braunschweig v. 26.9.1927, PA Clahes, Stadtarchiv Braunschweig, Blatt nicht nummeriert

[41] Pensionsnachweisung, Kriegsministerium Berlin, 25. Juni 1917, PA Clahes, Blatt nicht nummeriert

[42] Insgesamt 4 Auszeichnungen; Eisernes Kreuz 2. Kl. 6.2.1916, Kriegsverdienstkreuz 13.7.1918, Verwundetenabzeichen schwarz 30.7.1918 und das Ehrenkreuz für Frontkämpfer 28.11.1934 (!) Interessant ist die Karriere des Ausstellers Menge. Er wurde am 9.11.1935 vom einfachen Stadtinspektor zum Stadtverwaltungsdirektor befördert, ein Sprung von mindestens 6 Gehaltsstufen an einem für die NSDAP denkwürdigen Tag, dem Tag des Putschversuches in München am 9.11.1923.

[43] Abgangszeugnisse der Universität Göttingen v. 7.5.1917 und vom 31.1.1919, Niedersächsisches Staatsarchiv Wolfenbüttel

[44] Hippel, Robert Wilhelm Ferdinand von, 8.7.1866-16.6.1951, lt. Abgangszeugnis der Univ. Göttingen, Niedersächsisches Landesarchiv-Staatsarchiv Wolfenbüttel, 57Nds8Zg 59/2007; künftig zit.: als Staatsarchiv Wolfenbüttel

[45] Oldenberg, Karl, 23.9.1864-28.12.1936, Schüler von Gustav Schmoller, lt. Abgangszeugnis der Univ. Göttingen, Staatsarchiv Wolfenbüttel

[46] Schmoller, Gustav Friedrich, 24.6.1838-27.6.1917, Ökonom und Sozialwissenschaftler, 1864 Univ. Halle, 1872 Straßburg, 1887 Akademie d. Wissenschaften, 1884 Mitgl. d. Preußischen Staatsrates, 1897/98 Rektor d. Berliner Univ.

[47] Personalie nicht genau nachweisbar

[48] Abgangszeugnis d. Universität Leipzig, Niedersächsisches Staatsarchiv Wolfenbüttel

[49] Jaeger, Ernst, 22.12.1869-12.12.1944, lt. Abgangszeugnis der Univ. Leipzig, Staatsarchiv Wolfenbüttel

[50] Staatsarchiv Wolfenbüttel

[51] Staatsarchiv Wolfenbüttel

[52] Staatsarchiv Wolfenbüttel

[53] Die Zeugnisse der Staatsanwaltschaft Braunschweig v. 1. u. 11.2.1922, Kreisdirektion Braunschweig, 4.4.1922, Vertretung des Amtsanwalts in Holzminden v. 21.11.1922, Vorstand d. Amtsgerichts Braunschweig v. 6.12.1922; Präsident d. Landgerichts Braunschweig v. 7.12.1922; Justizrat Semler v. 7.2.1923; sämtliche Dokumente im Staatsarchiv Wolfenbüttel

[54] Präsident des Oberlandesgerichts Braunschweig Dr. Levin, Staatsarchiv Wolfenbüttel

[55] Staatsarchiv Wolfenbüttel

[56] Unter Ziff. 2. heißt es: »Die Notariatsaufgabe Nr. 20, welche nähere Anweisung über die zu liefernde Probearbeit enthält, hierneben mit der Auflage zugefertigt, die

Probearbeiten innerhalb einer Frist von zwei Monaten an den Sekretär der unterzeichneten Kommission, (...), unter Beifügung der Aufgaben und der Prüfungsgebühr zu 50 Mark (...) bei Vermeidung des Rechtsnachteils abzuliefern, daß nach ungenutztem Ablaufe dieser Frist die Meldung unter Zurücknahme der Akten und der schriftlichen Aufgabe werde zurückgewiesen«. Niedersächsisches Staatsarchiv Wolfenbüttel

[57] Oberstaatsanwaltschaft Braunschweig 11.1.1922, Niedersächsisches Staatsarchiv Wolfenbüttel

[58] Oberkreisdirektion Braunschweig, Niedersächsisches Staatsarchiv Wolfenbüttel

[59] Amtsgericht Braunschweig 6.12.1922, Niedersächsisches Staatsarchiv Wolfenbüttel

[60] Levin, Louis, Dr. jur., 1865-1939, Oberlandesgerichtspräsident von 1922-1930

[61] Seidler, Wilhelm, Personalie nicht nachweisbar; nicht jedoch identisch mit: Seidler, Gerhard, 1905-1987

[62] Staatsarchiv Wolfenbüttel

[63] Datiert: Braunschweig, den 21.7.1923, Stadtarchiv Braunschweig

[64] Handschriftliche Randbemerkung über die vollzogene Eidesleistung und Aushändigung der Bestallungsurkunde und des Prüfungszeugnisses auf dem Schreiben des Ministeriums v. 21.7.1923; weitere handschriftl. Aktennotiz über die Vereidigung v. 28.7.1923, Stadtarchiv Braunschweig

[65] handschriftl. Schreiben (vermutl. Konzept) Clahes' an den »Braunschweigischen Minister des Innern, hier«, Stadtarchiv Braunschweig

[66] Aktenvermerk des Kreisdirektors Erdmann, vom 12.11.1925, Paraphe: Clahes zdA, 12.11., Stadtarchiv Braunschweig

[67] Clahes lässt diese Ernennung aus. Bei seinen Angaben über Art und Dauer, unter b) der früheren Beschäftigung klafft nach dem Datum 8.11.1923, Kreisdirektion Braunschweig und dem 1.4.1927, Ernennung zum Regierungsrat, eine Lücke. Genauere Daten liefert die Antwort des Personalamts der Stadt Braunschweig vom 14.2.1956 auf eine Anfrage des Sachbearbeiters der Personalkommission beim Bremer Senat, Hans Koschnick, dem späteren Senatspräsidenten und Bürgermeister von Bremen. Demnach war beabsichtigt, eine Überprüfung zur Durchführbarkeit eines Verfahrens nach §7 GG131 vorzunehmen. Aus der Beantwortung der Anfrage durch die Verwaltung der Stadt Braunschweig ergab sich, dass Clahes vom 8.11.1923-28.2.1925 als angestellter Regierungsassessor bei der Kreisdirektion Braunschweig tätig war, danach, ab 1.3.1925 als außerplanmäßiger Beamter, ab 1.4.1927 dann als Regierungsrat in Braunschweig

[68] Böhme, Ernst, SPD-Politiker, 23.1.1892-21.7.1968, 1929-1933 und von 1945-1948 Oberbürgermeister von Braunschweig

[69] Deutsche Volkspartei, der von Stresemann geführte rechte Flügel der Nationalliberalen Partei und ein Teil der früheren Fortschrittlichen Volkspartei schlossen sich im Dezember 1918 zur DVP zusammen. Die zunächst ablehnende Haltung gegenüber der Weimarer Republik wurde unter Stresemanns Führung aufgegeben.

Bis 1933 verlor die Partei mehr und mehr an politischer Bedeutung und löste sich im Juni 1933 auf

[70] Deutschnationale Volkspartei, gegründet am 24.11.1918, verfolgte im Wesentlichen nationalkonservative Gedanken und antisemitische Ziele. Mit der Machtergreifung Hitlers trat die DNVP in das Kabinett ein. Der 1928 zum Parteivorsitzenden gewählte Alfred Hugenberg übernahm die Reichsministerien für Wirtschaft und für Landwirtschaft und Ernährung. Aufgrund politischer Meinungsverschiedenheiten trat Hugenberg am 27.6.1933 zurück. Die Abgeordneten der DNVP traten der NSDAP bei

[71] Bundesarchiv Berlin, BA (ehem. BDC) NSDAP-Gaukartei

[72] S. Meldebogen C 3836, 25.8.1948, SpKA, Bl. 1

[73] Harzburger Front, Bündnis der NSDAP, DNVP, Bund der Frontsoldaten, Reichslandbund und dem Alldeutschen Verband gegen das 2. Kabinett Brüning. Die Tagung fand am 11.10.1931 in Bad Harzburg statt, weil die an der Regierung in Braunschweig beteiligte NSDAP in Bad Harzburg keine Störungen durch die Kommunisten befürchten musste. Diese waren in den Großstädten stark vertreten

[74] Daten dazu auf dem Personalbogen der Stadt Braunschweig, einschließl. Anrechnungszeiten, Ausscheidedatum und Krankheiten mit Dauer der Krankheit, PA Clahes, Stadtarchiv Braunschweig

[75] Schreiben Klagges, Braunschweigischer Ministerpräsident, v. 30.11.1931, PA Clahes, Stadtarchiv Braunschweig

[76] Schreiben Clahes' an den Braunschweigischen Minister des Innern vom 10.12.1928. Die Richtigkeit der Angaben wurde vom damaligen Kreisdirektor Erdmann ebenfalls mit Datum vom 10.12.1928 bestätigt

[77] Zahlreiche andere Bescheinigungen über Nebentätigkeiten und Berufungen in Institutionen und Ausschüsse sind in der Personalakte nachweisbar: Genehmigung von Vorlesungen über Sozialpolitik (28.10.1931), Mitglied des Beirats des Braunschweigischen Gemeinde-Unfallverbandes (22.8.1936), Wohlfahrtsausschuss des Deutschen Gemeindetages (7.7.1936), Mitglied der Dienststrafkammer für nichtrichterliche Beamte (15.3.1937), Mitglied des Beirats der Reichsunfallversicherung und des Rentenausschusses (22.3.1937), sämtl. Belege: PA Clahes, Stadtarchiv Braunschweig

[78] Klagges, Dietrich, 1.2.1891-12.11.1971, Lehrer, Braunschweigischer Ministerpräsident, 1925 NSDAP-Beitritt, SS-Nr. 154006, 1931 Innen- und Volksbildungsminister in Braunschweig, 1932 ermöglichte Klagges die Einbürgerung Hitlers

[79] Alpers, Friedrich, 25.3.1901-3.9.1944, Rechtsanwalt, Generalforstmeister, 1929 Rechtsanwalt in Braunschweig, 1930 SA-Sturmführer, MdL, 1933 Justiz- und Finanzminister in Braunschweig, Staatssekretär im Reichsforstamt, SS-Obergruppenführer

[80] Jeckeln, Friedrich, 2.2.1895-3.2.1946 (Hinrichtung in Riga) ohne Berufsabschluss, SS-Obergruppenführer und General der Polizei 1938 Höherer SS- und Polizeiführer in Braunschweig; s. auch: Kiekenap, Bernhard 2013, Hitlers und Himmlers Henker, Der SS-General aus Braunschweig, Biografische Notizen über Friedrich Jeckeln (1895-1946), Braunschweig

[81] Brüning, Heinrich, 26.11.1885-30.3.1970, Geschäftsführer des Christlichen Deutschen Gewerkschaftsbundes, Organisator des passiven Ruhrkampfs 1923, 1929 Vorsitzender der Zentrumsfraktion im Reichstag, regierte als Reichskanzler mit Hilfe von Notverordnungen (Präsidialkabinett) 1932 Rücktritt Brünings

[82] Müller, Hermann, 18.5.1876-20.3.1931, Journalist und sozialdemokratischer Berufspolitiker, seit 1920 MdR, Mitunterzeichner des Versailler Vertrages, 1928-1930 Reichskanzler

[83] Anstellungsurkunde vom 24.1.1933 mit Festsetzung des Besoldungsdienstalters auf den 1.10.1927 sowie der Besoldungsgruppe A1 des Ortsgesetzes über die Besoldung der Beamten der Stadt Braunschweig Nr. 20 vom 3.1.1929. Der Erhalt wurde von Clahes am 27.1.1933 bestätigt. Das Besoldungsdienstalter wurde schließlich nach vielen Berechnungen und einem seitenlangen Schriftwechsel im Jahre 1939 festgesetzt. Da war Clahes aber nicht mehr städtischer Beamter, sondern bereits Vizepräsident in der Durchführungsstelle bei dem Generalbauinspektor. PA Clahes, Stadtarchiv Braunschweig

[84] Benze, Rudolf, Dr. phil. 23.10.1888-8.10.1966, 1931 NSDAP-Beitritt, 1932 Stadtschulrat in Braunschweig, 1933 Oberregierungsrat im Preuß. Kultusministerium, 1934 Ministerialrat im Reichserziehungsministerium, ab 1938 zuständig f. d. Lehrerfortbildung, 1939 Beitritt SS

[85] Urteil verkündet am 18.1.1933, PA Clahes

[86] Aktenvermerk v. 8.10.1932, PA Clahes, Bl. 17, zu der Besoldungsfrage ist außerdem ein Schreiben des Braunschweigischen Ministers des Innern, Klagges, vom 14.9.1932, vorhanden. S.: Bl. 19 a der PA Clahes. Eine erneute Festsetzung des Besoldungsdienstalters vom 17.11.1932 befindet sich auf Bl. 22 der PA Clahes und wird am 16.6.1933 abermals revidiert (Bl. 42 der PA Clahes)

[87] NS-Volkswohlfahrt, abgekürzt: N.S.V. oder auch NSV, die Schreibweise ist uneinheitlich

[88] Winterhilfswerk, im Schreib- oder Sprachgebrauch auch »WHW«

[89] Ratsbeschluss v. 16.9.1933, Bl. 48, Personalakte Clahes

[90] Hesse, Wilhelm, 27.12.1901-21.8.1968, Dr. phil., Studienrat, 1930 NSDAP-Beitritt, 1931 Gründung der »Braunschweiger Tageszeitung«, Propagandablatt der NSDAP in Braunschweig und Umgebung, 1932 Kreisleiter der NSDAP von Braunschweig Stadt. 18.10.1933-1945 Oberbürgermeister von Braunschweig

[91] Böhme, Ernst, 23.1.1892-21.7.1968, Jurist, SPD-Mitglied seit 1912, 1923-1929 Mitgl. des Magdeburger Magistrats, 1929-1933 Oberbürgermeister v. Braunschweig, nach Amtsenthebung Studium Betriebs- und Volkswirtschaftslehre, ab 1936-1944 Steuer- und Devisenberater, 1945-1948 erneut Oberbürgermeister in Braunschweig, 1947-1955 MdL in Niedersachsen

[92] Insbesondere in der Zeit von April bis November 1933

[93] RGBl I 1935, S. 393

[94] PA Clahes, Bl. 60, Stadtarchiv Braunschweig

[95] Stammieter = Abonnent

[96] »Braunschweiger Tageszeitung«, 1931 von dem späteren Oberbürgermeister Wilhelm Hesse gegründetes Sprachrohr der NSDAP

[97] PA Clahes, Bl. 56, Stadtarchiv Braunschweig

[98] PA Clahes, Bl. 44 und 49, Stadtarchiv Braunschweig

[99] RGBL I, 1933, S. 131

[100] PA Clahes, Schreiben v. 9.11.1933

[101] Ratsbeschluss vom 16.9.1933

[102] PA Clahes, Bl. 53

[103] Schreiben des Vizepräsidenten des Deutschen Gemeindetages v. 7.7.1936, PA Clahes, Bl. 7, Stadtarchiv Braunschweig

[104] Hölty, Ludwig Heinrich Christoph, 21.12.1748-1.9.1776, »Üb immer Treu und Redlichkeit«, Dichter dem Hainbund zugeordnet

[105] Müller, Heinrich, 7.6.1896-27.4.1945, Jurist, Dr. (vermutl. jur.) bereits 1921 NSDAP-Beitritt, Ortsgruppen- und NSDAP-Kreisleiter, März 1933 Reichskommissar f. Hessen, 1933 Oberbürgermeister von Darmstadt, 1938-1945 Präsident des Rechnungshofes des Deutschen Reiches, Mitglied der Akademie f. Deutsches Recht

[106] Gerber, Hans, 29.9.1889-16.10.1981, Jurist, 1929 Professors der Rechts- und Staatsphilosophie Tübingen, 1933 im Führerrat der Universität, NS-Kraftfahrkorps, NSV, NS-Rechtswahrerbund, 1934 Professor in Leipzig, 1941 Freiburg

[107] Müller, Heinrich, Beamtentum und Nationalsozialismus, 7. Aufl. 1933, München: Eher Nachf., S. 26

[108] Müller, Heinrich, a.a.O., S. 26

[109] Müller, Heinrich, a.a.O., S. 29

[110] Gerber, Hans, Auf dem Weg zum neuen Reiche, Eine Sammlung politischer Aufsätze und Vorträge aus deutscher Notzeit 1919-1939, 1931, Stuttgart und Berlin

[111] RGBl I, 1933, S. 175

[112] Schmitt, Carl, 11.7.1888-7.4.1985, einer der bekanntesten, aber auch umstrittensten Volks- und Staatsrechtler seiner Zeit. Nach der »Arisierung« des Verlages von Otto Liebmann 1933 wurde Schmitt Herausgeber der »Deutsche Juristen-Zeitung«. S. stellte sich keinem Spruchkammerverfahren

[113] Koellreutter, Otto, 26.11.1883-23.2.1972, Professor für Staats- und Verwaltungsrecht, 1921-1926, Mitglied des Stahlhelm, 1928-1930 DVP-Mitglied, 1.5.1933 NSDAP-Mitgliedschaft, zahlreiche Veröffentlichungen bei Heymann und Kohlhammer, aber auch bei J.C.B. Mohr und in der von Leonard Schlüter gegründeten und unter der Schriftleitung von Herbert Grabert geführten Göttinger Verlagsanstalt. Diese Verlagsanstalt scheint nach dem Krieg ein Sammelort für dem Nationalsozialismus verhaftete Wissenschaftler gewesen zu sein. K., zunächst im Spruchkammerverfahren

als Minderbelasteter eingestuft, wurde schließlich in die Kategorie IV eingestuft. Seine Auseinandersetzung mit dem Spruchkammerverfahren erschien unter dem Titel »Das Wesen der Spruchkammern und der durch sie durchgeführten Entnazifizierung«. Hinter diesem neutral scheinenden Titel äußert K. sich in der 3. Person zu sich selbst über die ihm (angeblich) widerfahrenen Ungerechtigkeiten

[114] Maunz, Theodor, 1.9.1901-10.9.1993, Professor f. Verwaltungsrecht. 1933 NSDAP-Mitglied. 1934 Lehrbefugnis f. Staatsrecht, Verwaltungsrecht und Staatslehre; verfasste 1958 zusammen mit Günter Dürig den Kommentar zum Grundgesetz, fortgeführt von Roman Herzog und Rupert Scholz. CSU-Beitritt, 1957-1964 Bayer. Kultusminister, 1964 Rücktritt nach Bekanntwerden einiger Publikationen von vor 1945

[115] Rundschreiben des RMI, DJ, 1935, S. 1254; s. auch: Neef, Hermann, Deutsches Beamtentum, 1942, Berlin, Beamtenpresse, S. 147

[116] Neefs, Hermann, Deutsches Berufsbeamtentum, 1942, Berlin: Beamtenpresse, S. 8

[117] Neefs, Hermann, Deutsches Berufsbeamtentum, 1942, Berlin: Beamtenpresse, S.8

[118] Brand, Arthur, Die Reichsdienststrafordnung (RDSTO) vom 26. Januar 1937 mit der amtlichen Begründung, den Durchführungs- und Ergänzungsvorschriften, 1937, Berlin: Julius Springer, 1937, S. 81 (künftig zit. als: Brand, Reichsdienststrafordnung)

[119] Vgl. Runderlaß des RuPrMinIn v. 27.2.1936

[120] Brand, Arthur, Das deutsche Beamtengesetz, 4. Aufl. 1942, Berlin: Springer, S. 136; s. auch: Huber, Ernst Rudolf. Verfassungsrecht des Großdeutschen Reiches, 2. stark erw. Aufl., o. J., C 1937/39, Hamburg: Hanseatische Verlagsanstalt, S.406

[121] Huber, Ernst Rudolf, a.a.O. S. 406

[122] Weber, Werner, Der politische Eid, DJZ, 1936, S. 279; s. auch: Brand, Arthur, Reichsdienststrafordnung, S. 72

[123] Der Volks-Brockhaus, Sachwörterbuch für Jedermann, Frontbuchhandelsausgabe f. d. Wehrmacht 10. Aufl. 1943, Leipzig, S. 235

[124] Brand, Reichsdienststrafordnung, S. 65

[125] RGBl I, 1933, S. 1017

[126] RGBl I, 1934, S. 788

[127] RGBl I, 1934, S. 785

[128] Zit. nach Neefs, Hermann, Deutsches Berufsbeamtentum, 1942, Berlin: Beamtenpresse, S. 6; (Zitat stark gek.)

[129] Neef, Hermann, 2.9.1904-18.11.1950, Reichsbeamtenführer, Mitglied der NSDAP seit Beginn der 1920-er Jahre, MdR ab 1933, 1933 Vorsitzender d. deutschen Beamtenbundes, 1933 Leiter der Beamtenabteilung der NSDAP, 1934 Regierungsrat, 1934-1945 Leiter des Hauptamtes für Beamte der NSDAP, Mitglied des Rechtswahrerbundes

[130] Frick auf dem 2. Deutschen Beamtentag, Mai 1939, zit. nach Neef, Hermann, Deutsches Berufsbeamtentum, Beamtenpresse, Berlin, 1942, S, 151

[131] Runderlaß des RuPrMi im Namen aller Reichsminister, des Preußischen Ministerpräsidenten, aller Preußischen Staatsminister, RMinBl 1935, 3.12.1935, Sp. 1443

[132] Neef, Hermann, Deutsches Berufsbeamtentum, 1942, Berlin: Beamtenpresse, S. 151

[133] Gerber, Hans, Auf dem Weg zum neuen Reiche, Eine Sammlung politischer Vorträge und Aufsätze aus deutscher Notzeit 1919-1931, 1934, Stuttgart

[134] Weber, Max, Wirtschaft und Gesellschaft der Verstehenden Soziologie; besorgt von Johannes Winckelmann, 5. revid. Auflage 1980, Tübingen, S. 570

[135] BVG v. 17.12.1953, Az.: BvR 147/52

[136] In: Knopp, Guido, Hitlers Helfer, 1. Aufl. C 1996, München, Lit.-Verz. S. 346 findet sich ein Hinweis auf: Reichelt, Peter A., 1988, Albert Speer, Der Generalbauinspektor von Berlin. Die Durchführungsstelle, Entmietung, Wohnraumbeschaffung und Judenbehandlung in Berlin, Eine Chronik. Mannheim; der Titel ist vergriffen und auch sonst nicht auffindbar

[137] RGBl I, 1937, §3, S. 103

[138] BA Koblenz, RII 1187b

[139] BA Koblenz, RII 1187b

[140] s. dazu auch: Brand, Reichsdienststrafordnung; Huber, Ernst Rudolf, Verfassungsrecht des Großdeutschen Reiches, 2. stark erw. Aufl. o. J., C 1937/39, Hamburg sowie Oskar Georg, Deutsches Beamtengesetz, Berlin

[141] Speer, Albert, Erinnerungen, 8. Aufl. 1970, Berlin, S. 90

[142] RGBl I, 1938, 17.6.1938, S. 635

[143] RGBl I, 1938, S. 635

[144] RGBl I, 1938, S. 635, §§1 und 2

[145] Reichardt, Hans J., Schäche, Wolfgang, Von Berlin nach Germania

[146] Willems, Susanne, Der entsiedelte Jude

[147] RMBl, 1938, 1, Durchführungsverordnung v. 1.7.1938, §1, S. 387

[148] RMBl, 1939, 3. Durchführungsverordnung v. 8.2.1939, §1, S. 138

[149] PA Clahes, Bl. 113, Diese Ergebenheitsformel findet sich auch in einem Handschreiben an den Oberbürgermeister Hesse, in dem Clahes um eine Verlängerung der Abordnung von 3 Monaten bittet

[150] Schreiben v. 14.5.1938, Bl. 100, PA Clahes, Abschrift, Unterstreichung im Text

[151] PA Clahes, Bl. 110, Stadtarchiv Braunschweig

[152] RGBl I, 1937, S. 669f., §17, Ziff. 3

[153] Bei dem sog. Bauwerk »T« handelte es sich um den von Hitler skizzierten, dann von Speer geplanten monumentalen Triumphbogen in Berlin. Mittels des Belastungskörpers sollte der mergelreiche Berliner Untergrund auf seine Tragfähigkeit für

den Triumphbogen getestet werden, s.: Reichardt, Hans J., Schäche, Wolfgang, Von Berlin nach Germania, S. 136f

[154] R 4606/3440, S.49, BA Berlin

[155] Spruchkammerakte Clahes (künftig zit. als: SpKA), vgl. Bl.7f, Staatsarchiv Bremen

[156] SpKA, Bl. 7, Staatsarchiv Bremen

[157] R 4606/3440, Schreiben Zörners vom 27.10.1939, BA Berlin

[158] Fränk, Gerhard, (1908-1975) Dr. jur., NSDAP-Beitritt 1935, SS 1935, Magistratsrat der Berliner Stadtverwaltung, 1938 Vizepräsident der Durchführungsstelle für die Neugestaltung der Reichshauptstadt, Leiter der Hauptabteilung II (Räumung, Baustoffe, Arbeitskräfte), ab 1940 im Stab des SS-Hauptamtes Verwaltung und Wirtschaft

[159] BAB R 4606/3440

[160] Hettlage, Karl-Maria, (28.11.1902-3.9.1995), zu Hettlage s. auch: Schraffstetter, Verfolgung und Wiedergutmachung, VfZ 3/2008, S. 531 ff. Zu erwidern wäre auf Schraffstetter, dass Hettlage, Chef des Hauptamtes II, 1940 nach dem Weggang Zörners nach Krakau zu Hans Frank, in Personalunion Chef der Durchführungsstelle wurde (S. 437). Dass Hettlage 1940 für die Organisation der 1000 zu räumenden Wohnungen verantwortlich war (Schraffstetter, S. 439), erscheint fraglich, da die meisten der im Bundesarchiv nachzuweisenden Dokumente von Clahes paraphiert oder unterschrieben wurden. Vielmehr wurden Hettlage des öfteren Schriftstücke zur Kenntnis vorgelegt und von diesem abgezeichnet

[161] RGBl I, 1935, S. 1146; s. a.: 5. Verordnung zum Reichsbürgergesetz v. 5.12.1938, RGBl I, 1938, S. 1751 sowie 9. Verordnung zum Reichsbürgergesetz v. 5.5.1939, RGBl I, 1939, S. 891

[162] RGBl I, 1935, S. 1146

[163] RGBl I, 1935, S. 1333, §4 Abs. 1

[164] RGBl I, 1939, S. 864

[165] RGBl I, 1938, S. 887

[166] Verordnung zur Wiederherstellung des Straßenbildes bei jüdischen Gewerbebetrieben; RGBl I, 1938, S. 1581

[167] RGBl I, 1935, S. 1146ff

[168] BA Berlin R 4606/157, Bl. 210ff.; Breloer, Heinrich, Die Akte Speer, Spuren eines Kriegsverbrechers, C 2006, Berlin, S. 92ff. (künftig zit. als: Breloer, Die Akte Speer)

[169] R 4606/4673

[170] BA Berlin 4606/3442, Bl. 10f.; s. auch: Breloer, Die Akte Speer, S. 97 und Willems, Susanne, Der entsiedelte Jude, S. 88ff

[171] Breloer, Die Akte Speer, S. 101

[172] Landesarchiv Berlin A Pr.Br.Rep. 107; handschriftl. Marginalie: »Laut Weisung des Herrn Vizepräs. Clahes soll dieser Durchschlag nicht an Prof. Speer geschickt

werden ...« Handzeichen unleserlich. Ob Speer zwischenzeitlich eine andere Entscheidung getroffen hatte, ist aus der Marginalie nicht ersichtlich

[173] LA Berlin, A Pr.Br.Rep. 107

[174] Breloer, Die Akte Speer, S. 104, vermutl. Befehl Hitlers vom 29.9.1940; BA 4606/3437

[175] Schmidt, Matthias, Albert Speer, Das Ende eines Mythos, S. 218f

[176] Schmidt, Matthias, Albert Speer, Das Ende eines Mythos, S. 218

[177] Schmidt, Matthias, Albert Speer, Das Ende eines Mythos, S. 219, Adler, Hans Günter, Der verwaltete Mensch, Studien zur Deportation der Juden aus Deutschland, 1974,Tübingen, S. 152f

[178] Chronik der Speerdienststellen, August 1941, S. 47f, Kopie im Besitz d. Verf.

[179] Chronik der Speerdienststellen, August 1941, S. 47f, Kopie im Besitz d. Verf., van der Vart, Dan, Der gute Nazi, S. 152 und BA Koblenz NL 318/1

[180] BA Berlin, R 4606/4638, Formular »Genehmigung zur Ermietung einer Wohnung«

[181] Landesarchiv Berlin, A Pr.Br.Rep. 107, 337

[182] Landesarchiv Berlin, A Pr.Br. Rep. 107; Vermerk: »Herrn Prof. Hettlage z. gefl. Kenntnisnahme«, mit Handzeichen Hettlages und Clahes'

[183] Landesarchiv Berlin, A Pr. Br. Rep., Abschrift des Schrb. der Dr. Thal, Böhm &Co Grundstücksgesellschaft mbH

[184] Landesarchiv Berlin, A Pr. Br. Rep., Durchschrift mit Handzeichen Cl(ahes); sowie Durchschrift des Schreibens an den Bez.-Bürgermeister des Verw.-Bezirks Schöneberg v. 17.5.140

[185] s. auch Nörr, Knut Wolfgang, Zwischen den Mühlsteinen, eine Privatgeschichte der Weimarer Republik, 1988, Tübingen, S. 37, Fußnote 25 zur Rolle Carl Schmitts.

[186] Rebenich, Stefan, C.H. Beck 1763-2013, der kulturwissenschaftliche Verlag und seine Geschichte, 2013, München, S. 365

[187] Rebenich, a.a.O., S. 380

[188] Geschäftsführer d. Unternehmens war der spätere Bundesbank-Präsident Karl Blessing, (5.2.1900-25.4.1971), 1933 Mitarbeiter Schachts i. d. Reichsbank, 1934 Generalreferent im Reichswirtschaftsministerium, 1937 Reichsbankdirektor, Beitritt NSDAP 1937, 1941 Vorstandsmitglied der halbstaatl. Continentale Öl AG, Mitglied Freundeskreis Reichsführer-SS. Nach 1945 in zahlreichen Aufsichtsräten, 1958-1969 Bundesbankpräsident

[189] Zur Problematik s. Willems, Susanna, Der entsiedelte Jude; insbesondere die S. 237ff sowie die Fußnoten 637ff, wobei auch Clahes von diesem Vorgang Kenntnis hatte

[190] LA Berlin, A Pr. Br.Rep., 107, 189; s. auch Schreiben d. F. Wintermantel

[191] LA Berlin, A Pr. Br.Rep., 107, 188

[192] LA Berlin, A Pr. Br.Rep, Vermerk vom 4.11.1940, Paraphen Hettlage und Clahes

[193] Chronik der Speerdienststellen, Januar 1941, S. 2. Kopie im Besitz des Verfassers

[194] LA Berlin, A Br. Pr. Rep., 280

[195] Fiduzarischer Erwerb: Erwerb durch einen Treuhänder, der den erworbenen Gegenstand, in diesem Fall die Immobilie, an den eigentlichen Käufer übergibt

[196] LA Berlin, A Pr.Br.Rep. 280

[197] LA Berlin, A Pr.Br.Rep. 280

[198] LA Berlin, A Pr.Br.Rep. 107

[199] LA Berlin, A Pr.Br.Rep. 107

[200] LA Berlin, A Pr.Br.Rep. 107

[201] LA Berlin, A Pr.Br.Rep. 107

[202] LA Berlin, A Pr.Br.Rep. 107

[203] LA Berlin, A Pr.Br.Rep. 107

[204] LA Berlin, A Pr.Br.Rep. 107

[205] LA Berlin, A Pr.Br.Rep. 107

[206] LA Berlin, A Pr.Br.Rep. 107, Grundbuchblatt, Amtsgericht Berlin, Abt. 408, Bl. 552/101 v. 18.11.1941

[207] LA Berlin, A Pr.Br.Rep. 107

[208] LA Berlin, A Pr.Br.Rep. 107

[209] LA Berlin, A Pr.Br.Rep. 107

[210] LA Berlin, A Pr.Br.Rep. 107

[211] LA Berlin, A Pr.Br.Rep., Schnellbrief an den zuständigen Referenten in der GBI, Fiedler, auch Handzeichen Clahes', bemerkenswert die Marginalie am Rande, neben der Unterstreichung »Erwerb des Gebäudes Eisenzahnstraße 66«, die in Klammern gesetzte Marginalie: »jüd.-poln.«? Das Handzeichen von Clahes findet sich auf nahezu allen Schreiben der Hansa Leichtmetall. Schreiben an dieses Unternehmen wurden von Clahes in Vertretung des Amtschefs unterzeichnet

[212] LA Berlin, A Pr.Br.Rep. 107

[213] LA Berlin, A Pr.Br.Rep. 107

[214] LA Berlin, A Pr.Br.Rep. 107, mit Datum v. 8.1.1942 geht eine Liste mit namentlichen Nennungen der Mietparteien, aufgelistet nach Stockwerken (1-4) an die Wohnungsabteilung in der GBI unter Bezugnahme auf das Schreiben vom 2.10.1941. Jüdische Mieter werden als solche benannt

[215] LA Berlin, A Pr.Br.Rep. 107

[216] LA Berlin, A Pr.Br.Rep. 107

[217] LA Berlin, A Pr.Br.Rep. 107

[218] BA Berlin, R 4606/4638

[219] Als »Große Halle« wurde das Bauwerk bezeichnet, das an der Nord-Süd-Achse errichtet werden sollte

[220] Chronik der Speerdienststellen, 1942, S. 14; Kopie im Besitz des Verfassers

[221] Dorsch, Franz Xaver, Ingenieur, Stellvertreter Todts, 1939 Bau d. Westwalls, 1941 Chef d. OT-Zentrale in Berlin, 1944 Stellvertreter Speers, Generalbevollmächtigter f. d. Bauwirtschaft, verantwortlich f. d. Einsatz der Zwangsarbeiter im Reichsgebiet, nach dem Kriege Zusammenarbeit m.d. amerik. Streitkräften, 1951 Gründung der Dorsch Consult Ingenieurgesellschaft mbH

[222] OT = Organisation Todt; die OT war ein nach militärischem Vorbild straff organisierter Bautrupp, die nach ihrem »Führer« Fritz Todt benannt war. Sie unterstand diesem auch als Rüstungsminister und später, nach Todts Tod, Albert Speer in seiner Funktion als Rüstungsminister

[223] S.: van der Vat, Dan, Der gute Nazi, S. 275; zur Auseinandersetzung mit Dorsch: Schiefer, Jörg-Michael. Architekt, Generalbauinspektor, Rüstungsminister, S. 78f, 80f; Speer, Erinnerungen, S. 339ff

[224] RGBl I, 1941, S. 165

[225] Schmidt, Matthias, Albert Speer, Das Ende eines Mythos, S. 142; BA Koblenz R3/1548

[226] zit. nach Schmidt, Albert Speer, Das Ende eines Mythos, S. 143

[227] Chronik der Speerdienststellen, Oktober 1944, S. 275; s. dazu auch: Auseinandersetzung um den Vorstand bei BMW,BA Koblenz, R 3/1627 und Stilllegung des Betriebes Weissweiler, ebenfalls: R 3/1627

[228] SpKA,B l. 5a, Sterbeurkunde Nr.: 192/1948, Standesamt Rastede; Meldung der Nordwestzeitung Oldenburg (NWZ) vom Donnerstag dem 21.10.1948, S. 4, Stadt und Landkreis Oldenburg, Der Tod auf der Straße, Kopie im Besitz d. Verf.

[229] Hesse, Hans, Konstruktionen der Unschuld, Die Entnazifizierung am Beispiel von Bremen und Bremerhaven 1945-1953, in: Hofmeister Adolf E. (Hg.) Veröffentlichungen aus dem Staatsarchiv der Freien Hansestadt Bremen, Bd. 67, 2005, Bremen, S. 30; (künftig zit. als: Hesse, Konstruktionen der Unschuld)

[230] S. auch: Hesse, Hans, Konstruktionen der Unschuld, S. 36, Fußnote 29, Kaisen, Wilhelm, SPD-Politiker, Mitglied der Bremischen Bürgerschaft 1920-1928 und 1933; 1928-1933 Senator f. Wohlfahrtswesen. Durch die Amerikaner zum Präsidenten der Bremischen Bürgerschaft und damit zum Bürgermeister ernannt. Bis 1965 Präsident des Senats und Bürgermeister. Kaisen klagte in der Senatssitzung vom 3.8.1945, dass die Entlassung zahlreicher Beamter ein ordnungsgemäßes Funktionieren der Verwaltung verhindere. Der Justizsenator Theodor Spitta sprach sogar von »willkürlichen und sinnlosen Beamten-Entlassungen«

[231] Buschmann, Friedrich, Dienstlicher Bericht über die Entnazifizierung in Bremen, in: Drechsel, Wiltrud Ulrike, Andreas Röpke (Hg.), Denazification, Zur Entnazifizierung in Bremen, Beiträge zur Sozialgeschichte Bremens, Bd. 13, 1999, Bremen, 1999, S. 12

[232] Hesse, Hans, Konstruktionen der Unschuld, S. 30

[233] Drechsel, Wiltrud, Denazification, S. 12

[234] Hesse, Hans, Konstruktionen der Unschuld, S. 58f., Meldebogen, wie ihn auch Clahes ausfüllen musste, s. SpKA, Bl. 1

[235] Die Zugehörigkeit zur Gruppe der Mitläufer zog in Bremen nicht unbedingt die Entlassung aus dem öffentlichen Dienst nach sich. S.: Hesse, Hans, Konstruktionen der Unschuld, S. 57

[236] Einteilung in Kategorien s.: Hesse, Hans, Konstruktionen der Unschuld, S. 244f

[237] Buschmann, Friedrich, Dienstlicher Bericht über die Entnazifizierung in Bremen, S. 19

[238] Buschmann, Friedrich, Dienstlicher Bericht über die Entnazifizierung in Bremen, S. 20f

[239] Buschmann, Friedrich, s. S: 16 spricht davon, »daß gerade die Nazis es verstanden haben, sich an die Besatzungstruppen heranzumachen und sich mit ihnen anzufreunden«

[240] Buschmann, Friedrich, Dienstlicher Bericht über die Entnazifizierung in Bremen, S. 16

[241] Langhorst, Wolfgang, Beamtentum und Artikel 131 des Grundgesetzes. Eine Untersuchung über Bedeutung und Auswirkung der Gesetzgebung zum Artikel 131 des Grundgesetzes unter Einbeziehung der Position der SPD zum Berufsbeamtentum; Reihe III, Geschichte und ihre Hilfswissenschaften, Bd./Vol. 618, 1994, Frankfurt/M., Berlin, S. 20

[242] Langhorst, Wolfgang, a.a.O

[243] Lebenslauf der Irene Clahes vom 21.3.54; Kopie im Besitz d. Verf., den Beruf des Vaters gibt sie mit »Regierungsrat« an, keine Angabe zu »Bürgermeister« oder »Vizepräsident«

[244] Eidesstattliche Erklärung des Wilhelm Tatje v. 7.5.47, SpKA Bremen, Bl. 18

[245] SpKA, Meldebogen, Bl. 1

[246] SpKA, Meldebogen, Bl. 1

[247] SpKA, ohne Nummerierung

[248] SpKA, Bl. 1

[249] SpKA, Bl. 1 Vor- und Rückseite

[250] Schullze, Erich (Hg.), Gesetz zur Befreiung von Nationalsozialismus und Militarismus vom 5. März 1945 mit den Ausführungsvorschriften, der Anweisung für Auswerter der Meldebogen und der Rangliste in mehrfarbiger Wiedergabe, 3. durchges. u. erg. Aufl. mit Nachtrag (…) 1948, München, S. 87; (künftig zit. als: Schullze, Gesetz zur Befreiung)

[251] Scheerbarth, Rudolf, Kommentar zum Gesetz zur Befreiung von Nationalsozialismus und Militarismus, 1947, Haag a. d. Amper: Linck, S. 39; künftig zit.: Scheerbarth, (Kommentar)

[252] Teil A beschäftigt sich unter dem Buchstaben D mit der NSDAP und unter Ziffer 4 mit allen Mitgliedern, die vor 1937 in die Partei eingetreten waren. Abschnitt F befasst sich mit den der NSDAP angeschlossenen Organisationen und in Klasse II, 2 mit der Volkswohlfahrt. Unklar bleibt bei der Betrachtung des Falles Clahes, aus welchen Gründen der öffentliche Ankläger keine Zuordnung unter Klasse I, 2 vornahm: Alle leitenden Amtsträger abwärts bis und einschließlich des Abteilungsleiters in der Reichsinstanz«

[253] Scheerbarth, Rudolf, Kommentar, S. 45;

[254] SpKA, Blatt ohne Nummerierung

[255] SpKA, S. 7-7e

[256] SpKA, Bl. 5a, Sterbeurkunde Nr. 192/1948

[257] SpKA, Bl. 5

[258] SpKA, Bl. 4

[259] SpKA, Bl. 4

[260] SpKA, Bl. 4-6; 7a-e; 8-18

[261] Klee, Ernst, Persilscheine und falsche Pässe, Wie die Kirchen den Nazis halfen, 1991, Frankfurt/M. (künftig zit. als: Klee, Persilscheine)

[262] www.dorsten-unterm-hakenkreuz.de

[263] Klee, Ernst, Persilscheine, S. 14

[264] Klee, Ernst, S. 31ff

[265] Klee, Ernst, S. 41

[266] Klee, Ernst, S. 95

[267] Klee, Ernst, S. 96

[268] Filbinger, Hans Karl, 15.9.1913-1.4.2007, Jurist, 1934 SA, NSDAP-Beitritt 1937,1937-1945 Rechtswahrerbund, 1943 Marinehilfsgerichtsrat, an 234 Marinestrafverfahren beteiligt, 1953 Stadtrat in Freiburg, 1960 MdL und Innenminister in Baden-Württemberg, 1966 dort Ministerpräsident

[269] Kiesinger, Kurt Georg, 6.4.1904-3.1988, Jurist, 1933 NSDAP-Beitritt, 1943 stellv. Leiter d. Rundfunkabteilung i. Ausw. Amt, MdB 1949-1980, 1958-1966 Ministerpräsident von Baden-Württemberg, 1966-1969 Bundeskanzler

[270] Globke, Hans, 10.9.1898-13.2.1973, Jurist, 1922 Beitritt z. Zentrum, 1929 Regierungsrat, Beteiligung am sog. »Erbgesundheits- und Blutschutzgesetz«, Gesetz über die Änderung der Vornamen, Zwangsvornamen »Sarah« und »Israel«, Verf. »Kommentar zur deutschen Rassegesetzgebung«, 1938 Ministerialrat, 1949 Ministerialdirigent im Bundeskanzleramt, 1950 Ministerialdirektor, 1953 Staatssekretär bei Adenauer, ging zum Zeitpunkt von Adenauers Rücktritt in Pension

[271] Lübke, Heinrich, 14.10.1894-6.4.1972, Kultur- und Vermessungsingenieur, Teilnahme am 1. Weltkrieg, Studium der Nationalökonomie 1921-1924, Geschäftsführer verschiedener Gesellschaften, zeitweise arbeitslos, ab 1939

Vermessungsingenieur und Bauleiter beim Architektur- und Ingenieurbüro Walter Schlempp, Tätigkeiten in einer Baugruppe für Neu-Staßfurt, in Peenemünde Bauleiter der Gruppe Schlempp, nach 1945 mit Rudolf Wolters zusammen Aufbau eines »Nachkriegsbüro zur Planung vorfabrizierten Wohnraums«, 1945 Beitritt zur CDU, 1947 MdL Nordrhein-Westf., 1947-1953 Min. f. Landwirtschaft Ernährung und Forsten, 1949-1950 MdB, ebenso 1953-1959, 1959-1969 Bundespräsident

[272] Oberländer, Theodor, 1.5.1905-5.5.1998, 1923 Teilnahme am Hitler-Putsch, 1933 NSDAP-Beitritt, 1934 a.o. Professor in Danzig, 1937 in Königsberg, Gauamtsleiter im Gau Ostpreußen. 1939 Offizier in der Abwehr, 1940 Lehrstuhl f. Staatswissenschaften Prag, 1951 Staatssekretär in Bayern, 1953 Minister im Kabinett Adenauer, 1960 Rücktritt

[273] SpKA, Bl. 7

[274] SpKA, Bl. 7

[275] SpKA, Bl. 7

[276] SpKA, Bl. 7

[277] SpKA, Bl. 7

[278] SpKA, Bl. 7a

[279] SpKA, Bl. 7a

[280] SpKA, Bl. 11

[281] SpKA, Bl. 13

[282] SpKA, Bl. 14

[283] SpKA, Bl. 7c

[284] Schreiben Hesses vom 5.4.1939, Stadtarchiv Braunschweig, Blatt ohne Nummerierung

[285] Schreiben Hesses vom 5.4.1939, Stadtarchiv Braunschweig, Blatt ohne Nummerierung

[286] PA Clahes, Bl. 110, unten auf dem Bogen das von Hesse hs. formulierte Antwortschreiben

[287] Vgl. BA Berlin, BA (ehem. BDC) NSDAP-Zentralkartei, es findet sich dort die Bemerkung »abgeordnet von: G.B.I« sowie das Datum der Abordnung, der 15.11.1942. »Abgeordnet« ist nicht gleich »abkommandiert«. Neben dem Familien- und dem Vornamen befindet sich ein schräg aufgesetzter Stempelaufdruck »Speer«

[288] Rönneburg, Heinrich, 8.1.1887-1.9.1949, Lehrer, Teilnehmer des 1. Weltkrieges, Referent im Kultusministerium in Braunschweig, Mitbegründer der DDP, hohe Parteiämter, 1918-1924 MdL, mehrfach Minister in Braunschweig, 1924-1930 MdR, Landrat in Pommern, Entlassung am 1.4.1934, 1938 Referent, dann Abteilungsleiter der Durchführungsstelle beim GBI, 1945 Mitbegründer der CDU in Braunschweig, Landrat des Kreises Wolfenbüttel, 1946-1947 Oberkreisdirektor in Wolfenbüttel, 1948-1949 Mitglied des Parlament. Rates in Bonn

[289] SpKA, Bl. 15

[290] SpKA, Bl. 16

[291] SpKA, Bl. 17, Wolters, Rudolf, Dr.-Ing., 38.1903-7.1.1983, Architekt, 1923 Bekanntschaft mit Albert Speer, 1924 Wechsel mit Speer und Tamms an die TH Berlin, 1937 von Speer z. Leiter der Abt. I, 3 im Hauptamt der GBI ernannt, Hauptabteilungsleiter f. Kultur, Presse und Propaganda, zahlreiche Aufgaben auch durch Goebbels, Februar 1945 Beauftragung durch Speer: Planung von Nachkriegsbüros zur Planung vorfabrizierten Wohnbaus in einigen ausgewählten Städten. Rückkehr in seine Heimatstadt Coesfeld. Dort Gründung eines Architekturbüros, dessen Berater Karl-Maria Hettlage, ehemals Chef des Hauptamtes für Wirtschaft unter Speer, wurde. Organisation eines Freundeskreises für den in Spandau einsitzenden Albert Speer. Ihm gehörten u.a. Walter Rohland (genannt Panzer-Rohland) sowie auch Karl-Maria Hettlage an

[292] SpKA, Bl. 16

[293] SpKA, Bl. 18

[294] SpKA, Bl. 18

[295] RGBl I, 1935, 30.10.1935, S. 50, §6, Ziff. 2

[296] RGBl I, 1935, 30.10.1935, §33, Ziff. 1

[297] SpKA, Bl. 7d

[298] Schrb., Die Präsidentin des Amtsgerichts Schöneberg vom 11.03.2014; Schrb. i. Besitz d.Verf.

[299] SpKA, Bl. 7d

[300] SpKA, Bl. 7d

[301] Zit. nach: Drechsel, Wiltrud, Denazification, S. 190

[302] SpKA, Bl.7d

[303] SpKA, Bl. 7e

[304] SpKA, Bl. 7e

[305] zit. nach: Pokorny, Karl, Kommentar zum Gesetz zur Befreiung von Nationalsozialismus und Militarismus, nebst Ausführungsbestimmungen, Durchführungsverordnungen, einem Schlagwortregister und Organisationstafeln, 1946, Frankfurt/M., S. 62 (künftig zit. als: Pokorny. Kommentar); s. auch: Scheerbarth, Rudolf, Kommentar, S. 14

[306] Pokorny. Kommentar, S. 65; s. auch: Scheerbarth, Kommentar, S. 14

[307] SpKA, Bl. 7a

[308] s.: »Braunschweigische Nachrichten« v. 4.6.1953, Stadtarchiv Braunschweig

[309] Eintrag auf der Meldekarte, Heiratsdatum 4.7.1906, Stadtarchiv Braunschweig

[310] SpKA, Bl. 13

[311] SpKA, Bl. 7

[312] SpKA, Bl. 13

[313] SpKA, Bl. 7f, 7e

[314] SpKA, Bl. 7

[315] SpKA, Bl. 8

[316] Pokorny, Kommentar, S. 35; Scheerbarth, Kommentar, S. 11

[317] Siehe: Schullze, Erich (Hg.), Gesetz, Art. 15, S.23 ff.

[318] Pokorny, Kommentar, S. 62; Scheerbarth, Kommentar, S. 14

[319] Schullze, Gesetz, Art. 17, S. 30

[320] Schullze, Gesetz, Die NSDAP, Klasse 1, S. 91, 98

[321] Vgl. Pokorny, Kommentar, S. 36

[322] SpKA, Bl. 2

[323] Pokorny, Kommentar, Art. 7, Ziff. 1, S. 37; ebenso: Scheerbarth, Kommentar, S. 11

[324] Pokorny, Kommentar, Art. 7, Ziff. 1, S. 37; ebenso: Scheerbarth, Kommentar, S. 11

[325] Pokorny, Kommentar, Art. 7, Ziff. 3, S. 39; ebenso: Scheerbarth, Kommentar, S. 11

[326] Pokorny, Kommentar, Art. 7, Ziff. 3, S. 39; ebenso: Scheerbarth, Kommentar, S. 11

[327] SpKA, S. 7

[328] Pokorny, Kommentar, Art. 39, S. 199f

[329] SpKA, S. 7d

[330] SpKA, Dokument nicht nummeriert

[331] SpKA, 2 Begründungen des Beschlusses der Spruchkammer, ein Original, eine Abschrift (Ausriss oben rechts), beide ohne Nummerierung; Urschrift des Beschlusses vom 19.2.1949

[332] SpKA, 18.1.1949, ohne Nummerierung

[333] SpKA, Begründung des Spruchs der Spruchkammer, ohne Nummerierung

[334] SpKA, Bl. 7c

[335] SpKA, Bl. 7c

[336] Chronik der Speerdienststellen, 1943

[337] Schullze, Erich, Kommentar, Anweisungen f. d. Auswerter, AV6A, S. 41, auch L, Teil A:F

[338] Pokorny, Kommentar, Rt. 5, Ziff. 6, S. 30f, Scheerbarth, Kommentar, S. 105

[339] »völlige Entlastung«, SpKA, Bl. 7

[340] Pokorny, Kommentar, S. 65f, Scheerbarth, Kommentar, S. 12

[341] SpKA, Bl. 7df.

[342] Pokorny, Kommentar, Art. 39, S. 200

[343] SpKA, Bl. 7d

[344] SpKA, Bl. 7d

[345] Schreiben des Amtsgerichts Berlin-Schöneberg v. 11.3.2014, Schrb. im Besitz d. Verf.

[346] handschriftl. Schreiben der Witwe Irmgard Clahes, Kopie im Besitz d. Verf.

[347] SpKA, Bl. 7e

[348] SpLA, Bl. 7d

[349] Scheerbarth, Kommentar, Anhang 43, S. 83

[350] SpKA, Bl. 7d

[351] SpKA, Bl. 7d

[352] SpKA, Bl. 7e

[353] SpKA, Bl. 7e

[354] SpKA, Bl. 7e

[355] SpKA, Bl. 7e, Der Satz ließe sich ergänzen durch die Formulierung: »... um Schlimmeres zu verhindern«, wie sie nach dem Kriege durch zahlreiche Betroffene als Entschuldigung benutzt wurde

[356] SpKA, Bl. 7e

[357] SpKA, Bl. 7e

[358] Pokorny, Kommentar, S. 35ff, Scheerbarth, Kommentar, S. 11ff

[359] s.: Grundgesetz der Bundesrepublik Deutschland

[360] s.: Grundgesetz der Bundesrepublik Deutschland

[361] Ambrosius, L., Rengier, H., Löns, J., Gesetz zur Regelung der Rechtsverhältnisse der unter Artikel 131 des Grundgesetzes fallenden Personen, Kommentar; in: Ambrosius, L., (Hg.), Grundriß des Verwaltungsrechts, Bd. 22 a; 1952, Tübingen, S. 43, Anm. 12b (künftig zit. als: Ambrosius, (Kommentar)

[362] Ambrosius, Kommentar, S. 95, Anm. 2 Ziff. 4, Alternativen des §7 Abs. 1 sowie S. 98f, Anm. 6

[362a] Koschnick, Hans, 2.4.1929 SPD-Mitglied, Ausbildung zum gehobenen Verwaltungsdienst, 1967-1985 Bürgermeister von Bremen, 1987-1994 MdB

[363] Ambrosius, Kommentar, S. 98f, Anm. 6

[364] Ambrosius, Kommentar, S. 98, Anm. 6

[365] Ambrosius, Kommentar, S. 99f

[366] s.: Breloer, Die Akte Speer, S. 406 ff

[367] Weimarer Verfassung, Art. 48

[368] Bei dem Bauwerk »T« handelte es sich um die Planung eines überdimensionierten Triumphbogens an der geplanten Nord-Süd-Achse in Berlin

[369] Schriftwechsel Wolters-Speer, 10.1.1970 und undatiert Speer-Wolters, BA Koblenz, N 1318/40; zit. nach, Breloer, Heinrich, Die Akte Speer, S. 406ff

[370] Breloer, Heinrich, Die Akte Speer, S. 407ff

[371] Roxin, Claus, Täter und Tatherrschaft, 1989, S. 242f

[372] vgl. Roxin, Claus, Täter und Tatherrschaft; Wessels, Johannes; Beulke, Werner Strafrecht, Allgemeiner Teil, Die Straftat und ihr Aufbau, 34. neubearb. Aufl. C 2004, Heidelberg

[373] Roxin, Claus, Täter und Tatherrschaft, 1989, S. 248ff; ders.: Zs. f. Internationale Strafrechtsdogmatik, S. 293

[374] MK-Joeks 2003, §25, Rn 123; zit nach: Roxin, Claus, Organisationsherrschaft und Tatentschlossenheit, Zs. f. Strafrechtsdogmatik, S. 293

[375] Roxin, Claus, Täter und Tatherrschaft, 1989, S. 298

[376] Roxin, Claus, Zs. f. Internationale Strafrechtsdogmatik, S. 299

[377] Roxin, Claus, Täter und Tatherrschaft, 1989, S. 249

[378] Klee, Ernst, Das Personenlexikon zum Dritten Reich, Frankfurt/M., 3. Aufl. 2011, Begriffslexikon, S. 732; (künftig zit. als: Klee, Personenlexikon)

[379] Vgl. NJW 2000, H 6, S.443, Sp. 2

[380] NJW 2000, H 6, Entscheidungen-Strafgerichte BGH, S. 444, Sp. 1

[381] NJW 2000, H 6, S. 444, Sp. 1f

[382] NJW 2000, H 6, S. 444, Sp. 2

[383] Vgl. NJW 2000, H 6, S.448, Sp. 1f

[384] BGH 5 STR 632/98 Berlin

[385] NJW 2000, H 6, S. 448, Sp. 2c, aa

[386] Klee, Personenlexikon, S. 732, Begriffslexikon: »Wannseekonferenz«; s. auch: Dokumentationsstelle zur NS-Sozialpolitik, H. 2-4; 1. Jg. 1985, S. 3: In einem Brief vom 25.7.1973 schreibt Hermann Speer an seinen Bruder Albert: »Ich erinnere mich daran, wie Du mir 1938 erzähltest, Du habest bei Himmler angeregt, in Oranienburg Ziegeleien für den Umbau Berlins einzurichten und dabei ganz gemütlich gesagt: Die Judde haben ja schon in der ägyptischen Gefangenschaft Ziegel gestrichen«

[387] SpKA, Bl. 15, Eidesstattliche Erklärung Heinrich Rönneburg, Oberkreisdirektor in Wolfenbüttel, 1.7.1946

[388] SpKA, Bl. 7e

Namensverzeichnis

Adenauer, Konrad 88, 156f
Alpers, Friedrich 27, 146
Antrick, Otto 90f, 106
Buschmann, Friedrich 138, 154f
Benze, Rudolf 29, 147
Blessing, Karl 67, 152
Brüning, Heinrich 28, 146f
Böhme, Ernst 24, 29, 145f
Bohr, Mitarbeiter i.d. GBI 75, 141
Böhmer, Architekt 70
Breloer, Heinrich 138, 151f
Brand, Arthur 138, 149
Bismarck, Otto von 15, 143
Clahes, Eberhard 26, 110, 135
Clahes, Irmgard 15, 26, 80f, 106, 119f, 134, 160
Clahes, Irene 26, 134, 142, 155
Clahes, Willi 7ff
Diestel, Gertrud 90
Dibelius, Otto 87
Degenkolb, Gerhard 76
Dorsch, Franz Xaver 75, 154
Drechsel, Wiltrud 77, 138, 154f
Dickmann, Referatsleiter i.d. GBI 63, 141
Eichmann, Adolf 8, 61, 126f, 142
Fiedler, Referent i.d. GBI 53, 70f, 124f, 141, 153
Filbinger, Hans Karl 88, 156
Fränk, Gerhard 48, 52f, 75, 124f, 141f
Gerber, Hans 34, 138, 148
Globke, Hans 88, 156
Göring, Hermann 7, 55, 141
Goebbels, Joseph 7, 61, 74, 121, 141, 158
Heimbs, Carl 91, 98f, 142
Hertzog, Rudolph 70f
Heß, Rudolf 7, 141
Hesse, Hans 77, 138, 154f
Hesse, Wilhelm 29, 49f, 90f, 107, 147f
Hettlage, Karl-Maria 10, 48, 52, 60f, 75, 88, 124f, 140, 142f
Himmler, Heinrich 7, 138, 141, 146, 161
Hippel, Robert Wilhelm Ferdinand 18, 30, 144
Hitler, Adolf 7, 10, 35f, 57f, 68, 77f, 84, 100, 119f, 132, 138, 141f
Hölty, Ludwig Heinrich Christoph 148
Horkheimer, Max 15, 143
Hudal, Alois 87
Hugenberg, Alfred 25, 146
Hoover, John Edgar 15, 143
Issleib, Rudolf 90, 98, 106
Jaeger, Ernst 18, 144
Jacobi, Erwin 30
Jeckeln, Friedrich 27, 138, 146
Kammler, Hans 8, 141
Klagges, Dietrich 13, 26f, 146
Klee, Ernst 85, 138, 156, 161
Keune, Robert 91, 106
Kiesinger, Kurt Georg 88, 156
Kleiber, Günther 128f
Koellreutter, Otto 36, 139, 148

Koschnick, Hans 115, 145, 160
Kriesel 24
Krenz, Egon 128f
Lammers, Heinrich 42f, 87
Lübke, Heinrich 88, 156
Langhorst, Wolfgang 139
Levin, Louis 19f, 144
Liebmann, Otto 64f, 148
Maunz, Theodor 36, 149
Mietzner 60, 124, 141
Müller, Heinrich, Prof. 34f, 139, 148
Müller, Heinrich (Gestapo-Müller) 8, 142
Neefs, Hermann 149
Nobel, Alfred Bernhard 15, 143
Nörr, Knut Wolfgang 139
Oberländer, Theodor 88, 157
Oldenberg, Karl 18, 144
Papen, Franz 7, 87, 141
Prizkau, Anna 65
Protze, Karl 55
Raschen, Diederich 90, 106
Rebenich, Stefan 66, 139, 152
Reichhardt, Hans 13, 44, 140, 143
Remarque, Erich Maria 17, 139, 143
Rittgen 63
Rönneburg, Heinrich 53, 93, 98f, 106, 124, 141, 157, 161
Rohland, Walter 158
Rosenthal 64
Roxin, Claus 121, 123f, 139, 161
Schabowski, Günter 128f
Schacht, Hjalmar 7, 141
Schachtel, Fritz 68
Schäche, Hans 13, 44, 139, 140
Scheerbarth, Rudolf 139
Schickedanz, Gustav Abraham 15, 143
Schiefer, Jörg-Michael 139
Schmitt, Carl 36, 66, 140, 148
Schmidt, Matthias 13, 61, 75, 139
Schmoller, Gustav 18, 144
Schullze, Erich 155
Schulz 18
Seidler, Gerhard 21
Semler, Kurd 19f, 89f
Seyferth, Gertrud 93
Speer, Albert 7, 10f, 42f, 49f, 57f, 75f, 81f, 92f, 107f, 115, 118f, 124f, 131f, 141, 161
Speer, Hermann 161
van der Vat, Dan 13, 140
Weber, Werner 140, 149
Weber, Max 40, 140, 150
Welker, Bion C. 77
Wicke, Johannes 20, 24
Willems, Susanne 13, 44, 53, 140, 143
Wolters, Rudolf 11f, 61f, 75, 93f, 115, 118f, 157f
Wurm, Theophil 87
Zörner, Ernst Otto Emil 10, 13, 15f, 43f, 57f, 100, 115, 124, 131, 141f, 151
Zunft 71